日本を守る沖縄の戦い

日本のジャンヌダルクかく語りき

Japanese Jeanne d'Arc Says

我那覇真子
Masako Ganaha

アイバス出版

日本を守る沖縄の戦い

日本のジャンヌダルクかく語りき

我那覇真子

Masako Ganaha

まえがき

私は、沖縄県で生まれ、沖縄県で育った生粋の沖縄県人であり、そして生粋の日本人です。

その沖縄県で私は、現在自分自身の事はそっちのけで保守運動に奔走しています。こう言うと、「平和な日本で何を物好きな」と思われるでしょうが、実は沖縄の現状はかなり切迫するものになっています。

時代はいつも同時代人の先を行くもので、私達は後になって振り返り、はじめてその時の今を理解できるものらしいです。

しかし、保守運動当事者は、取り組む今を自覚せざるを得ないわけで、私などはその対応に大わらわな毎日なのです。

それも、この原稿を書いている時点で運動を開始してから二年半以上の時が経っていて、この活動を戦いとするならその戦線は拡大の一途を辿っている状況です。

今回この本を著す意義は、私なりには決意表明、中間報告というところですが、更に広く社会的には〝今そこにある危機〟のアピールになります。

ところで私は一体何者か――それは自分でもうまく説明できかねるものがあります。若輩者としては行動をもって自分を語るのがご理解を頂ける近道かと思います。この本もその一環です。

この本の中で私はいろんな事を論じています。事柄によっては論じ過ぎ、言い過ぎのこともあるかもしれません。と言うのも私は、活動を通して沢山の方々と出会う機会を得ることができ、その多くの方々はとても優れた見識をお持ちでした。その影響を強く受けたが故にそうなったのでしょう。もとより私は浅学非才《せんがくひさい》でありましたが、それが逆に幸いしました。

実社会、現場での多くの困難に直面連続した私は、必要に迫られ自分のある部分を空白にして、よく出会い、よく聞き、よく見て学び、沢山の事を高速学習する事に決めました。

お蔭さまで、自分では到底思いつかなかったような見解や発展を、そのレトリックも含めて学ぶことになりました。そもそも私のデビューは人材不足がきっかけであり、大そうな私の主張は浅学非才の故のお知恵拝借です。そういう意味では、この本の中の私は私であって私でないのです。それでも、私の活動の目的は、世の為なのですから、その用を充たせば私としてはＯＫなのです。

そういう訳で、この本の主張は沖縄の優れた方々の高い見識を私が成り代わって代弁するものと言えます。

もちろん文責が私に帰する事は当然です。

こういった心づもりで活動を展開する私は今、当地沖縄で地元新聞の向うを張って「琉球新報、沖縄タイムスを正す県民・国民の会」の運営代表を務めさせて頂いております。

ひょんな事から始まった私の保守活動は、多くの方々のご理解、御支援によって成り立っています。誠に有難い限りです。

本来なら支援者の方々に直接お会いして感謝を申し上げ、活動のご報告をしなければならないのですが、その機会も難しく、こういう形のご報告になった次第です。

そういう事情もこの本にはあるのです。では、二年半前から始まった私の小冒険をご報告させて頂きたいと思います。

二〇一五年十二月吉日
我那覇《がなは》 真子《まさこ》

第3章　左翼と沖縄

第4章　私のプロフィール

第5章　沖縄の自助論

第1章

日本を守る沖縄の戦い

国連人権理事会における沖縄県知事へのカウンタースピーチ

ここは、スイス・ジュネーブ——国連人権理事会の会議場。

私は、席につき間もなく始まる自分のスピーチの順番を待っていた。上手くできるだろうか。一瞬不安が頭をよぎるが、信念がこれを打ち消す。

私にとってこれは、絶対に成し遂げなければならない任務でありました。


二〇一五年九月二十二日の事です。

沖縄県知事・翁《お》長《なが》雄《たけ》志《し》氏は、この日同じ国連人権理事会でスピーチを行いました。

そのスピーチはある政治目的を持ったプロパガンダであり、これがそのまま行われ、放置されたのなら沖縄はもちろんの事、日本本土、東アジアに迫る中国の脅威は一段と高まることになるでしょう。

　私に課せられた任務とは、この翁長知事の謀略スピーチに強力なカウンターパンチを浴びせ無効にし、併せて中国の東シナ海における侵略行動によって沖縄の人権が侵害される危険を国連に訴えることにありました。

▲我那覇真子国連人権理事会
（写真＝産経新聞社）
カウンタースピーチ
2015年9月22日

▲翁長雄志沖縄県知事プロパガンダスピーチ
（発言枠提供：NGO市民外交センター）
2015年9月21日

それぞれスピーチ時間２分間のガチンコ勝負。

翁長氏は９月21日のNGO市民外交センター他主催のシンポジウムにも出席しプロパガンダを連発

辺野古問題

「沖縄で人権侵害ない」

国連理　移設賛成派　知事に反論

▲『産経新聞』2015年9月23日（水）3面掲載

その日の二日前、日本時間九月二十日に成田空港を出発し、しばし私は機上の人となりました。

ヨーロッパへ行くのは初めてであり、又、国連理事会でスピーチをすることなど今まで、全く想像もしたことのないものでした。

私の国連行きが予定として決まった時、私の頭にまず浮かんだものは何だったのでしょう。正直のところを申し上げると、それは何を着て行こうかというものでした。

こう言うと、真面目な方は、「何をふざけた事を」と怒り出すので困りますが、本当にそうだったのですから仕方ありません。

物事には、何でも事情というものがあります。私にとってその時それは自然な反応だったのです。

実は、もう私は二年半程前から、休む間もなく左翼運動と闘い続けており、国連行きもその中の一つだったのです。それまでの平穏平和な人生から、社会の要請を受け保守運動に携わるようになりました。

その間色んな事がありました。私としてもはじめは非日常的な事ばかりの連続であったので、戸惑う事も多かったものです。しかし日の経つうちに、いい加減神経も鍛えられようというものです。

社会運動をする者は、物事を額面通り受け取っては、気疲れして神経がもちません。ましてや、大事を大事として受け止めては結果の失敗を招いてしまうことにもなりかねません。

生来肝の据わった性質、図太い神経の持ち主ならそういう心配は無用でしょうが、あいにく私は、線の細い繊細な生れなのでそういうわけにはゆきません。その為おそらく「服は、何を着てゆこうか」という安穏な反応になったのでしょう。大事なのは現場です。現場で勝利を収めなければならないのです。プロセスは、結果を決定づけるものでしょうが、結果も又プロセスに価値を与えるのです。

ジュネーブへ向かう機中で色んな事が走馬灯のように頭をよぎりました。

そしてふと、「私は何をしているの？」「ここにいる私は本当に私なの？」という不思議な感覚に襲われてしまいました。

これまでの展開があまりに慌ただしく、私の現実感がこれに追いつかなかった為なのかも知れません。何せ沖縄県名護市の田舎から国際舞台のスイス・ジュネーブです。私は基本的に田舎者なのです。

これから私は、この本をお読みになられる方々に、日本全体の危機に直結する沖縄の危機についてその差し迫った状況と由来をご説明してゆきたいと思います。

それを通して、私の、そして私達沖縄真正保守の戦いをご紹介致しましょう。

私はなぜ保守活動家になったのか

私が沖縄を守る為の保守運動に加わるようになったきっかけは、沖縄県北部地域振興協議会が主催する市民集会での登壇スピーチにあります。

「普天間基地辺野古移設推進名護市民集会」という長いタイトルのこの集会は、返還移設が決まりながら二十年近くもの長い間宙ぶらりんとなった米軍普天間基地の辺野古移設を進めようというもので、私は女性部を代表してスピーチをさせて頂いたのです。

私にとってこういうスピーチははじめてのものでしたが、結果はありがたい事に大好評でした。なぜ大好評だったのかというと、それは参加者の気持ちを摑むものがあったからです。その五分足らずのお話に私は、この問題の本質を直接えぐるような内容のものを込めました。それらは正に参加者の日頃の思いや不満を代弁するもので、さぞや気の晴れたことであったでしょう。本来なら政治家や、これを担当する方が行うべきものなのですが、今まで一度もそういう事はなかったのです。

これはとりもなおさず、政治行政の取り組みの弱さを表すもので、これ程大きな案件を地方の自治体に主導させる事自体が大きな誤りというものでしょう。

米軍普天間飛行場が代替施設への移設を条件に、日米両政府の間に返還が合意されてから、その時点ですでに十七年間が無為に空費されていました。その間の迷走は解説の道筋をつけるだけでも大変なものです。

軍民共用案、十五年使用期限、陸上案、嘉手納基地内統合案、更に民主党鳩山首相の無責任発言「移設は最低でも県外」など、政治的思惑、経済利権的思惑入り乱れての大騒ぎを一つの話にまとめるのは、それこそ難しいに違いありません。

そういえば、一等はじめの話は、何と今からは想像もつかない海上メガフロート基地案だったというではありませんか。

この間に行われた知事選挙や国政選挙、もちろん地元名護市長選挙はそのたびに辺野古移設問題がしつこく革新左翼陣営によって選挙の争点にされました。この大迷走に移設を支持する保守県民がほとほと嫌気がさしたのも無理ない話です。

私はスピーチの中で反対運動の本質は、平和運動を装う左翼の革命闘争であり、情報操作によりこれを応援し世論を歪める地元新聞は県民の敵であると明言しました。又、保守の政治家が変節し革新左翼と同じ基地反対を唱えるのも批難しました。

これまで公の場でこれ程の直言をした者はいなかったらしく、私は参加者から、やんやのかっさいを浴びる事になりました。王様は裸同然だ、しかも裸のバカだと言ったようなもので、大いに溜飲も下がろうというものです。

私のスピーチの一区切りごとに歓声が上がり、会場は熱気に包まれていったのですが、この時の聴衆の目の輝き、体の躍動感は私に二つの事をもたらしました。

一つは、左翼退治に立ち上がる真正保守としての覚醒。

もう一つは、時代精神の目撃です。それは、パラダイムシフトの事です。古い枠組みが〝新しいワク組み〟に取って代わられる感覚といいましょうか、つまりこの時私は、時代の先端にあると思われる政治家やマスコミが、実は一番時代遅れであるという事を直観したのです。

私のこのスピーチは、ニコニコ動画やYoutubeにアップされる事によって広く日本中に拡散し、私はある特定の分野においての注目を引き、一躍話題の人となってしまいました。ネット時代ならではの現象でしょう。

何と、私をたてまつる言葉まで生まれました。いわく「沖縄の若き愛国ヒロイン」「日本のジャンヌダルク」などなど。ネット特有の面白コメントとは知りながらも気恥ずかしい感じがしました。

こういった事が契機となって私はその後、保守運動家として広く社会に出る事になります。自己宣伝など一切無いにもかかわらず、各方面から講演や雑誌の寄稿の依頼、新聞社の取材がいくつも来ました。

それまでの私は、ごく普通の生活を送る市民の一人であり、一気に注目を浴びてしまうのは予想外の事でした。

そんな私が、これらを前にまず思ったのは、識者でもないのに引き受けて本当に大丈夫なのだろうかというものでした。私にそういう資格のありやということです。臆するところはなかったのですが、さすがにおこがましくなってしまわないかという心配はありました。

私のその様な内心を知る由もない先様は、それこそイケイケな雰囲気で私に是非にと勧めて下さいました。そうなると、私の性分として何とかご厚意にお応えしなければという気持ちが働き、これを押さえるのも難しくなってゆきました。

結局その年の内にお引き受けしたものは、講演会が本格的なものが四つ、短いものが三つ、論壇寄稿が『月刊正論』など、新聞取材は写真入り記事で『産経新聞』となりました。出張した場所も東京、大阪、北海道と田舎に住む私にとってはバラエティに富むものでした。

誠に身に余る光栄とはこういう事なのだなぁと客観的に思いました。なぜ客観的なのかというと、我ながら半信半疑な気持ちにあったからです。これらは、どう考えても注目され過ぎでしょう。立場や実力、実績からして分不相応なのは明らかです。

よく現代は、素人と玄人の区別が曖昧になっていると言われますが、どうもそれとも違うのです。では、一体何がどうなっているのか、それが先程述べた時代の変革、パラダイムシフトの表れだと思うのです。現代は、次代になりうるものを要請しているのでは、という事です。

改めて申すまでもなく、私は未だ駆け出しの若輩者です。つまり時代の方に、私を引っ張り出すよっぽどの事情があるのだと見なければならないのです。実際私と頃合いを同じくするように沢山の若者が、それぞれの持つオピニオンと共に注目され、ネットや出版書籍等で話題になっています。

これは、もう明らかに社会現象であると言えます。私もこれから他の方々同様に独自のオピニオンで自己を主張するばかりです。共通して特徴的なこととしては、ステップアウト的要素の強い方が多いような感じがします。

先覚者と後に呼ばれる様な人には、イメージとして型破り的な何かというものがあります。実際に、合理的な教育カリキュラムからそのような人間は生れ難いのは事実です。そこはやはり、論理の向こう側の直観などといった感性の領域に先覚は育成されるものであるとするべきでしょう。

不確実性のゆらぎ高まる時代ともなれば、これが時代の先読みに大いに有利になることは想像に難《かた》くありません。例えれば、幕末の志士達は、脱藩というステップアウトを踏んでおり、拓く時代に学問をもって構えた感じがしません。

ある種の変わり者が、変革の時代には現れるという事は歴史によく見られることです。それは、現れると言うよりもむしろ、引っ張り出されるというのが実情に近いでしょう。それは、私の実感でもあります。

さて、このように社会とのかかわり合いをはじめた私ですが、この約二年半の間にいろんな事がありました。時に出会いが、喜びが、驚きが、更に学びがありました。普通の市民生活では得られない体験です。

この後私は、連続して政治的な集会や、講演会、式典に参加を求められるようになり、その度に、長短いくつものスピーチを指名されました。内容は、毎回同じようなもので、新聞マスコミに対する批難、政治家に対する批判です。しかし、これだけでは私自身もつまらないので、内容を深める為にそれなりに勉強しました。

その結果改めて実感したのは、いわゆる左翼といわれる勢力の悪質有害性と、彼らによってもたらされている社会の危機です。

彼らの行動原理を見ると、そこには目的の達成を優先するあまり、手段の是非は後回しにしていることが分かります。平和な時にそうなのですから、世の中が不安定になった時には、更に手段を選ばなくなるだろうということは容易に想像できます。もちろん物理的暴力も含めてのことです。彼らの平和運動が実に戦闘的なものであるのは、周知の事実です。「平和の為に戦うぞ」は、どう考えても重大な語義矛盾を含むと思うのは私だけではないでしょう。

彼らの言動を分析して実態を見透かせば、彼らは社会と戦争状態にあると自らを規定している事が分かります。常識、良識、良心の機能が麻痺している事にそれは現れています。あらゆる詐術、非常識を行って平然、いやむしろ得意になっている様は、狂気すら感じます。

戦場という非日常空間においては日常的価値観の転倒が起き、相手を倒す為にあらゆる手段が投入され、正当化がなされます。卑劣無慈悲が当たり前の事となり、首尾よくなされた場合は勲章さえもらえます。彼らは戦場にいるのです。

要は、左翼活動家は私達一般人、一般社会に対して革命戦争を遂行中なのだということです。

沖縄の左翼運動を先導する地元二紙、『琉球新報』『沖縄タイムス』

ここ沖縄における左翼活動は、『琉球新報』『沖縄タイムス』の地元二紙、自治労、教職員組合、沖縄平和運動センター、共産党、地域政党沖縄社会大衆党、社民党、あと派生的別働隊としての各市民運動団体によって精力的に倦《う》むことなく繰り広げられています。

凄まじいばかりの執念深さですが、その理解は意外と簡単です。当人達は自覚がない様ですが、彼らが行っているのは宗教活動です。左翼が宗教の亜種であると分かれば、その行動原理は明らかなものとなります。

「琉球新報、沖縄タイムスを正す県民・国民の会」のめざすところ

今回の私の報告は、主に『琉球新報』『沖縄タイムス』の偏向、捏造報道を糾弾するも

のになります。両紙の在り方が自由で民主的な社会の安寧を脅かしているからです。

実際左翼は、新聞マスコミの宣伝力によってのみ持ちこたえているようなものです。その思想はとっくに論理破綻していて、現実離れは誰の目にも明らかなのに、それでも存立できるのは只ひたすら新聞マスコミの絶大なる支援があるからなのです。

新聞マスコミが、制空権とも言うべきものを未だ握っているが故に、何とか左翼はその戦線を維持しているとある評論家は言及していましたが、全くその通りで地上戦では保守の側に圧倒されっぱなしです。例えば、マスコミの支配の及ばないインターネットの言論空間では保守側の圧勝です。

新聞マスコミの援護を受け活動する左翼——それは日本全体に言える事ですが、ここ沖縄で左翼が猛威をふるっているのも全く地元左翼＝新聞、『琉球新報』『沖縄タイムス』の奮闘あればこそです。

そこで明言できることは、左翼運動の急所は新聞マスコミであることです。これを失えば、彼らは全てを失う事になります。

私達の「琉球新報、沖縄タイムスを正す県民・国民の会」の狙いもここにあります。もっとも左翼全体が新聞マスコミも含め全面自壊モードに突入している為、先の見えているることではありません。

▲琉球新報社屋

▲沖縄タイムス社屋

沖縄はもとから左翼の騒がしい島ではありました。以前は、それなりの支持もあったのですが、現在ではそのイデオロギーに同調する県民は極少数です。只、新聞の世論操作によって選挙において劇場型的に票を集めているというのがその実態です。

しかし近年の騒ぎは従来のそれとは明らかに異なります。台頭する中国の存在が大きく関連しているからです。

では、その左翼の狙いは何なのか、彼らの沖縄工作の目標はどこにあるのかを考えてみましょう。

私達一般の堅気に生きる人間には理解しづらい事なのですが、左翼の方々は本気で革命成就を画策しています。これも彼らが疑似宗教集団なのだと考えれば納得のいく事で、日本を自分たちの掲げる〝神の国〟さながらの理想社会に作り変えようという情念に燃えているのです。

彼らの理想の実現の為にどうしても破壊しなければならない目標がいくつかあり、その一つが日米安全保障同盟なのです。特に沖縄の米軍基地は、地理的関係から同盟が有効に機能する為に重要であり、左翼にとっても戦略上の要衝とされているはずです。

又展開されているのが米海兵隊というのも絶対に許容できないはずです。何故なら革命の仕上げにはどうしても暴力の行使が不可欠と彼らは考えているので、その対抗、妨げと

出典：「基地統合縮小県民の会」資料より

▲基地問題解決への道筋

米軍基地の整理・統合・縮小計画によって大幅に基地は減少する。
普天間基地返還もその一環。普天間返還が滞ると計画全体が進まない。

なる軍隊組織は事前に排除しておかなければならないのです。

ましてや海兵隊は即応を旨として設計されているが故に、共産勢力にとっては一番嫌な存在でしょう。

今、米軍普天間基地辺野古移設問題が最大争点にされていますが、市街地にある普天間飛行場の移設による危険性の除去など彼らにとっては実は、どうでもよい事で、これを米海兵隊機能低下の機会にしたいだけなのです。

そもそも米海兵隊の輸送を担う航空部隊は運用上海兵隊本体と不可分であり、県内辺野古移設反対派の運動は、軍事抑止力としての米海兵隊の弱体化を企図する以外の何者でもありません。

普天間基地辺野古移設は、在沖米軍の統合整理縮小の一環であって、普天間基地を含む沖縄中南部地区の米軍基地の多くが返還されます。実のところ在沖縄米軍基地は、大幅に縮小されるのです。

反戦平和の為に、基地撤去を求めるという彼らの日頃の主張が、大きく実現しようというのに、この期に及んで反対というのは、善良な堅気の人間には到底理解できるものではありませんが、彼らの裏の真意を知れば合点ものです。

これと並行して左翼が画策するものに、「琉球独立運動」があります。民主主義社会における通常の闘争では、米軍撤退もままならないと考えた彼ら左翼は、それならいっそ丸ごとひっくり返そうと考えたのが、「琉球独立運動」です。

これは又、彼らの手法としての社会運動の完全なる行き詰まりの反動的要素も多々あるのでしょう。ただでさえ下火の運動が、普天間基地返還に伴う米軍基地の縮小によって絶滅する危険性があるのです。

眼前から基地がなくなっては、基地反対の気勢も上げようがないではないですか。自らの存在を危ぶんでの事と考えるとその必死さも分かろうというものです。よって米海兵隊撤去の伴わない普天間基地の返還には、あくまでも絶対反対を唱えなければならないのです。

本土では、退潮左翼は、絶滅を逃れようと環境保護運動や人権保護運動に衣替えしましたが、沖縄ではそれが琉球独立運動なのです。しかし、これは重大な問題を含み過ぎています。

と言うのも、彼らの目論む琉球独立というアイディアは、中国の国家戦略目標の達成を助けるものとなるからです。その目標とは、南シナ海、東シナ海そして続く西太平洋にまたがる海洋覇権国家中国の誕生です。歴史的な覇権妄想国家中国は、これに本気で取り組んでいるようです。

そういうわけですから、琉球独立は即中国自治区化になることは間違いなく、現に中国は、ここ数年来、「沖縄は琉球であり日本領土とは認めない」「その帰属を問う時期に来た」「琉球独立運動はこれを支援する」と明言するようになっています。

日本が沖縄を失陥することは、中国にシーレーンという日本の生命線が難なく扼される事を意味し、日本は中国の軍門に下らざるを得なくなります。

本来なら、新聞は、日頃社会正義という大義名分をふりかざして一方的に各界各方面を叱りつけている関係上、真先にこれをセンセーショナルに取り上げ、中国批判のキャンペーンを展開するべきなのですが、厚顔にも事務的客観報道、場合によってはベタ記事で済まそうとしています。

特に沖縄の二紙の場合、防衛力の強化の動きにつながりそうな情報は、スルーする事も多いものです。

こういう風な論評は、一般のマスコミ報道からは全く見えない事です。私の持つ不満に、保守は戦後ずっと続くこのような明白な左翼の反日活動、日本解体運動に対して、永遠に口をつぐんでいるというのがあります。

政治家のあるべきは

自民党に属する政治家であれば責任政党なのですから、はっきりと言うべきなのです。例えば、「中国の軍事的台頭、圧迫に対して日本の安全保障を確保する為、対抗上備えの為に集団的自衛権行使を可能にする安保法制は必要である」とか、あるいは「憲法九条は我が国の存立を脅かす欠陥だから改憲すべき」と言わなければなりません。

この他にも何も言わずに口をつぐんでいる〝正論〟は無数にあります。これらはすべて我が国の安全、平和に直結するものです。一番肝腎なところを封印していては政治が滞るのも無理ありません。

なぜそういう風潮が改まらないのかは、当然理由のある事なので、後ほど又論じてみたいと思います。

この様に左翼は沖縄で、アメリカの軍事的プレゼンス排除を琉球独立による米軍基地撤去によって達成しようと企んでいます。

一方沖縄県民の様子はどうかと言うと、マスコミ報道から受ける印象とは異なり、基本的にはノンポリの要素が強いと言えます。映像や画像で目にするあの怒れる県民デモは一般県民の与り知らぬ専門集団が行っているもので、毎回同じメンバーが集まっているのです。数を頼もうという時には、本土から大量の応援団がやって来ます。

報じられる集会参加者の数も、信じ難い程に水増しされるのが常です。平成十九年に宜野湾海浜公園で行われた「教科書検定意見撤回を求める県民大会」は、十一万人と報じられましたが、その実数が二万に遠く届かない数であった事が、ある警備会社の調べによって確かめられています。その前後に行われた集会、大会も同様です。

こういった常識を逸脱した事柄が近年の沖縄では頻発しているのは未だ、左翼が猖獗極める故である事がお分かり頂けるかと思います。

沖縄でも左翼の活動の主要イベントは抗議集会と選挙です。この二つは常に連動しており、連携プレーによって選挙に勝利し議会を乗っ取ることが、社会を制圧する近道としています。

平成二十六年一月に名護市長選挙が行われましたが、沖縄を守る為私達が左翼と対峙するようになったのは前年の選挙前哨戦からです。前回に破れた島袋吉和元市長が捲土重来を期して花々しく選挙を戦おうとするものでしたが複雑な思惑のからむ理解し難い選挙劇を展開することになります。

ここで元名護市長島袋氏の政治家としての人となりを言及しておくと、氏は現代の政治家ならぬ〝政治屋〟の多い中でひときわ生彩を放つ存在で、利権的我欲から離れた気質をお持ちの方でした。

氏の性質は、実直にして豪胆であり、行動は猪突猛進タイプです。普天間基地辺野古移設の問題については、日米合意の直後からずっと移設推進派の強力なメンバーであり、その間一度もブレた事はありません。つまり旗幟鮮明《きしせんめい》にして玉虫色を排する志操堅固の人であると言えます。一般市民にとっては、親しみと頼りがいのある誠に政治家向きの人物です。

しかし、政治の世界は複雑な要素で成り立つものらしく、有能かつ好人物であっても、その故にいい仕事が成せるとは全く限りません。勝手な変数が多く働くからです。その中でも運不運は強力で、物事の流れを一方的に決めます。

島袋吉和氏の場合それは、平成二十一年の民主党鳩山政権の突如の誕生です。これは氏にとって大きな不運となりました。

というのも氏が平成十八年市長就任以来精力的に取り組んで来た辺野古移設の実現を一挙にご破算の振り出しに戻されたからです。

「最低でも移設は県外」発言の〝ルーピー〟元首相が沖縄に、日本にもたらしたもの

鳩山元首相は、普天間問題についての選挙公約として、「最低でも移設は県外」としていました。後に〝ルーピー〟と呼ばれる人物も当時は、政府首班です。政権担当者本人がダメと言うのを地方の市長が覆すのは、土台無理というもので、島袋氏は涙を飲まざるを得ませんでした。

鳩山由紀夫氏が首相の座にあったのは、政権奪取の平成二十一年九月から平成二十二年の六月までの期間でしたが、その間に氏が晒《さら》した醜態は、私が申すまでもなく周知の事ですが、迷惑をこうむった県民の一人として、やはり一言言及しておかないと気がすみません。

平成五年に自民党を脱藩し、新党さきがけを結成、紆余曲折の末に民主党を立ち上げた当時の氏は、確かにオーラを放っていたそうです。

後にこれは国民の勘違いと判明するのですが、本人自身も停滞しきった政界に清新な風

を吹き込むムーブメントの主人公と思い込んでいたと思います。自らに陶酔していたのではとすら思えてしまいます。

ご本人の政治的理想はさておき、現実には首相という頂点に上り詰めた途端、総理大臣から変人へと急降下した様は、全国民環視の中、異様なものでした。一体この人は、何なの？　与野党越えたこの疑問に十分答えられる者は未だないように思われます。

一体この場合、どういう理解の仕方があるのか、ということを論じたいのですが、読者の中には、「論じてどうする」というような思いを持たれる方も多いことでしょう。それでも、私はあえて次の事を言いたいのです。

それは、私達が政治、社会を論じようとする時、真っ先にしなければならない事があるという考えです。つまり、それにかかわる人物の類型を先に見抜くことが重要であるという事なのです。

そうしないと、沖縄で繰り広げられる基地問題の騒ぎを正しく把握しその本質を捉える事ができません。まず方法論として整理するべきものがあるということなのです。

それなくしては想像力をもってする推察がまとまりのないものになってしまうのです。今取り上げている鳩山氏にしても、結局識者の論評は、やれ変人、やれ奇人と画一的なものになってしまいます。これは、理解できない側の限界をむしろ表しているのではないでしょうか。

政治を見る時、表面の動きを見るよりもそのプレーヤーの人物像を見た方が全体の流れが良く分かると私は思います。とに角その人を理解することです。所詮政治も人が行う事なのですから。

鳩山氏の場合、その奇行は今も続いており、奇行故に予想しがたいことと思われているのですが、類型を知るとある程度の予測が立てられるようになると思います。

氏の場合どういう理解が成り立つのでしょうか。何も一つに絞る、限定する必要はありません。現段階で最新の奇行は、平成二十七年八月十二日に韓国西大門刑務所跡地を訪れて土下座の謝罪パフォーマンスをしたことでしょう。そこは、日本統治時代の建物のあったところです。


こういった氏の奇行に特徴的なのは、いつも国益を損なうものばかりということです。国益に資する行為、損ずる行為のいずれが容易かを考えるとそれは創造と破壊の難易を問うのと同じことで圧倒的に否定的行為の方が容易なのです。

氏の行動原理を考える上で重要な点の一つがこれです。氏は単なる親中でも親韓でもないでしょう。

確かにリベラルな人物なのでしょうが思想信条があっての事ではなく、パフォーマンスでもしなければ立っていられない程、中身が無いのです。反日の迷惑パフォーマンスは操られている面もあるでしょうが、しかし氏をつき動かしているのは情念であって理念ではありません。

ウクライナクリミアにおける言動も結局は同じ動機であることでしょう。

クリミア問題について氏は、あえて日本政府と反対の立場に立つ発言を行っています。元首相の発言という事で政府としては、放置するわけにもゆかず又々迷惑な思いをしたに違いありません。

では、鳩山由紀夫氏の本質とは何でしょうか、それは氏の出自に大いに存することです。氏は、いわゆる日本的エスタブリッシュメントであり、政界と財界のハイブリット的サラブレッドの系譜にあります。

政界名門鳩山家、財界名門石橋家を出自とする人物の気負いとは一体どのようなものでしょうか。

平成二十一年九月に行われた衆議院選挙において国民は、自公連立政権に対する不満、失望、マンネリ、閉塞感の積み重ねをもって民主党に政権を委ねることにしました。

その下ごしらえ、雰囲気づくりをしたのが例によって新聞テレビ等のマスコミです。ほとんどそれは情報操作、世論操作と言えるもので、国民的合意を「一度は民主党にやらせてみよう」に誘導しました。

それでも、鳩山氏のエスタブリッシュメント性が大いにこの流れを押したことは間違いないでしょう。政権交代という大仕事を成し遂げ、首班指名を受け絶頂の舞台に上がった時のご本人の昂揚感の高みは想像に余りあります。

しかし政治の現実は、それは厳しいもので野党時代にはあまり表面化しなかった氏の政治家としての資質の低さが、極大にクローズアップされてしまいました。氏の失策、失態をかばうのは、難しいことです。

中でも普天間問題に対する対処は、ひどいものでした。最低でも県外と広言しておきながら結局、辺野古しかありませんとなったのは、見ている方が恥ずかしくなるものであり、「大丈夫私には、腹案がある。トラストミー」がアメリカ政府側の〝ルーピー〟という評価になったのは痛々しい限りでした。

氏は、辺野古回帰の弁明に「学ぶにつけ海兵隊の抑止力の重要性が分かりました」と言いやっとまともな発言をしたかと思いきや、後にあれは方便の為の発言でしたと悪びれる様子もなく又発言していました。

その間の沖縄の新聞マスコミ、革新市民団体の騒ぎ様はひどいものでした。それは未だに尾を引き民主党沖縄総支部連合会の力を大きく削ぐことになりました。

首相を退いて後も氏は、失言失態を繰り返し、ダメ人間という評価が確定します。ここに私達は、その後の鳩山氏の反日パフォーマンスのもとを見なければなりません。元首相という事でその行いは、国益を害するものになり、民主党のイメージ悪化に大いに役立っています。

さて、鳩山氏の心を忖度《そんたく》してみましょう。それは実に身もフタもない話なのです。氏は、自らの招いた事ではあるのですが、そのプライドをズタズタにされたに違いありません。

首相という公の存在であったが為に、私達は当然気づくべき事を見過ごしてしまっています。能力に、人格に、未熟さを抱える者が、変動する時代のルーレットで首相就任という大当たりが出たようなものです。と言えば、露骨かも知れませんが奇人変人宇宙人というのは実は、そういう事を言いたい婉曲表現なのです。

こういったプライドを傷つけられた人間は、心の平衡を取り戻す為の反動を起すものだと言えば、あとは理解がスムーズです。

その悔しさ、みじめさは当人でなくては到底分かり得ないものであり、このままでは、心の収まりようがありません。

ここを私達は理解しなければなりません。

そういう訳で、氏の一連の反日言動は主に社会に対する意趣返しであり、政治家以前の個人としての立場からと考えるとよいのです。思想、信条を超えた情念が彼を動かしていると見ると他の政治家のそれを考える時にもそれは実に有効な方法論となります。

政治家をあくまでも個人として捉える、その心を類型で理解することで私達は、オペラグラスで観劇するように政治ドラマを正しく見る事ができると私は思います。この視点、視座でこれから沖縄の基地に関する政治劇を見てゆきましょう。

第2章

沖縄の異常なジャーナリズム

名護市長選の裏側

お話を名護市長選挙に戻しましょう。

一般の保守系支持者の方々は、当然前市長である島袋吉和氏が出馬をするものと考えていたのですが、選挙も翌年一月と迫ってどうも様子がおかしいと誰からともなく市民の口の端に登るようになりました。重要な動きというのは、常に水面下で行われ一般市民の与《あずか》り知らぬところで、進行するものです。選挙態勢出遅れと言われ続けている間、行われていたのは本命である島袋氏外しの工作でした。

名護市の保守系有力者達が島袋氏ではなく、前副市長であった県議の末松氏を擁立するらしいと聞いた時に市民は、一様に違和感を覚えたものです。当時末松氏は、一期二年目であり、氏の後援会も難色を強く示し信義に反するという声も上がっていました。

当然選挙の争点は、普天間基地辺野古移設の是非を巡るものとなり、革新政党、左翼団体は、前回保守の出遅れ不協和音によって得た勝利を、今回は磐石なものにしようと事前の準備、集積に余念がないものでした。

特に退職教員がかなり前から市内に投入され、宣伝戦を行っていたと言われています。

これに限らず、革新左翼の動きは、戦術的にも戦略的にもよく練られており、まず目立たない様、保守系市民を刺激しない様気づいた時、既に遅しとなるよう水面下でしっかりと行われていました。

やはり本土から新左翼系と思われる方々が移設反対目的で名護市に住民票ごと流入していて、市内の各所で以前は見かける事のないタイプの、明らかに本土人と分かる人間が見受けられるようになりました。

通常今まで沖縄県で見かける本土人といえば、まずは観光客、ビジネスマンといった方々が大半で、遊民風な人間は見かけることはあまりありませんでした。

又、市民生活、行事イベントなどへの浸透も図られ、その手法にマニュアル化されたものを感じさせました。市内のあちらこちらに、地元の人間ではない人達が営むお店や事業所がいくつもできているのです。

事態がこういう風に変化進行しているというのにも関わらず、保守の側は相変わらず意志の疎通さえできていない状態で、選挙態勢についての合意にはまだまだ紆余曲折が予想されていました。

オール日本左翼にとって、全国数ある選挙の中でも沖縄の県知事選挙と名護市長選挙は特別な位置を占めるものでしょう。彼らにとって戦略上とても重要な意味を持つからです。彼らの運動の死活がかかっている面があるのです。

いよいよタイムリミットの近付く中、保守の候補一本化作業はより混迷を深めます。これを打開しようと選考会が開かれますが、これが又島袋氏の動きを止めようとするもので、公明正大さや透明性がないものであったと言われます。

その間行われた島袋氏、末松氏両保守系予定候補者間の調整というのは、結局実質的には有力者達、名護市の顔役達による島袋氏排除の工作であるという事が誰の目にも明らかになってゆきました。

一般の保守支持者にもいい加減あきあきしたという声が広がり、そもそも一体選挙は誰のものなのか、特定の政治派閥や利権グループ専横はけしからんという怒りや抗議が上がるようになります。もうこの時点で選挙の勝敗は、大方決まっていたようなものです。こういう選挙パターンは、沖縄の保守陣営にはよく見られることで、抜きがたい保守側の宿《しゅく》痾《あ》です。保守のまとまり具合がそのまま選挙の結果に出るのです。

今回の名護市の保守分裂劇を総括し、ありのままを噂を含めて記すと関係者に迷惑の及ぶことになるのは自明ですが、それでも日本の安全保障の要である沖縄県の更にその当事者の一方である名護市の選挙となれば、事の本質は明らかにしなければならないと、私は思います。

差し障りの無い様に記述しなければなりませんが、何分私は若輩で筆も拙《つたな》いので危うさは免《まぬか》れそうにありません。

私が著《あらわ》したいのは、個々のドタバタ劇の詳細ではありません。それはそれで面白く興味深いものではあるでしょうが、私は、ルポライターでもなければドキュメンタリーライターでもないのでそれは他の方にお任せして、あくまでも事の本質に迫りたいと思います。こう前置きするのは、私よりもはるかに裏の情報に通じている方、あるいはその当事者とも言うべき方が何人もいらしてより深く、より正確に語るにふさわしいと思うのですが、そういう方に限って口をつぐみ語る事がないという事情があるからなのです。

私達に必要な事は、本質をおさえる事です。スパイ的秘話は、趣味の世界の面白さはあっても本質ではありません。あくまで誰の目にも確認できる範囲のもので私達は、洞察を深めるのが正しいのです。裏も大事ですが、それよりもずっと重要なのは表の現実です。実際優れたレポートは、公開された情報を深い洞察力で分析をすることによってものにされている場合がほとんどです。

その本質とは、それは我が日本には強い主体性が無い事なのです。大は国政、小は地方の行政に至る政治に筋の通った芯というべきものが無いのです。これは、世代交代の進む程に明らかになっている事なのでしょう。

戦前生まれの世代の人口と戦後生まれの世代の人口の全体に対する比率によって、それは容易に把握できるもので、一九九〇年代を境に日本は大きく変わったとされるのも、これなら理解も容易です。九〇年代というのは、戦前のより日本らしい価値観の中で生まれ育った人々が段階的に社会の一線から退いていった過程と言えると思います。

強い主体性の無い社会では、強い意志が求められるような物事は、すべからく停滞するようになります。判断はあっても決断ができない、考えはあっても実行はできないということになります。その点個人も組織も国家も同じことです。主体はすべての裏付けということなのでしょうか。

ではいつ何故現代日本人は、主体性を無くしたのでしょうか。結論から言えばそれは象徴的に日本国憲法施行以来となるでしょう、この憲法の目的は、日本の国体の破壊です。保守の識者の先生方は、日本の弱体化、日本の解体と仰《おっしゃ》います。

私達が困難か何かにぶつかって、これを克服しようという時、それ相応のエネルギーが必要となりますが、そのエネルギーはどこからくるのでしょうか。そしてその発生の仕組みはどのようなものでしょうか。

こういった事は、普段はあまり意識されるものではありませんが、私達の心的エネルギー精神力も拠り所があってはじめて生じるものでしょう。

それが、哲学や価値観であるというのは当たり前の事ですが、自明すぎて実は見過ごされているのはないのかと私は思うのです。

その大事な物を忘れさせ、かつ取って代わってしまっているのが日本国憲法ではないでしょうか。

日本国憲法が日本人の心のエネルギーをおかしなものにしているのは、明らかな事です。先程述べた国難に対抗するのに必要なエネルギーも肝腎な拠り所がなければ発生のしようがないのです。

例えば名護市議会でも保守の議員がごくまっとうな発言をして、それが革新系の議員に――この場合は共産党の議員だったのですが、都合が悪いとなると凄い剣幕で言いまくられる事がよくあります。そういった場合大方の保守系議員は、有効な反論をせず、すごすごと引き下がってしまうのです。このように理不尽な場面に立った時、戦うのかそうでないのかの分かれ目は、その人の心に拠り所があるのか、否かによって自《おの》ずと決まる事です。

話が少し横にズレ気味ですが、もとが拙いので、ご容赦願って続けてみたいと思います。

「和をもって貴しとなす」の真の意味

戦後の日本人は、本当に戦わなくなったといいます。それは、「和をもって貴しとなす」と少し似ていますが、全く違う事です。

面倒なことは避ける「事無かれ主義」は、日本中に蔓延した日常の現象となりました。例えば、学校内での事件は、もうほとんどの場合不祥事扱いにされます。なるべく表に出さないようにということが最優先され、教育的見地からの対応、対処はなおざりにされて当たり前となります。

関係者の中からあるいは外側からの根本的対処、根本的改善を要求する動きがあっても、それがスムーズに行くことは本当にまれではないでしょうか。

つまり和の精神、和の原理がよい方向へ働いているのではなくこれを覆い隠そうという逆の方向に日本精神が発揮させられているのが戦後の日本社会なのです。

和の精神は、あくまでも建設的な方向に向いてこそ有益なのであって、和があればいいというものではないはずです。

面倒な事、都合の悪い事を避けようという「事無かれ主義」にこれを用いるのは、不届きな事で、これは提唱者聖徳太子の定めた憲法十七条の精神に反する事です。正しく憲法違犯とはこの事でしょう。

このように日本国憲法は、日本人の心を歪んだものにしています。この憲法が戦勝国アメリカの押し付けである事は、以前から明白なものであるのですが、ここにもやはり和の原理が働き、アメリカと不仲になってはならないという「事無かれ主義」によって歴史的事実に封印がなされています。

沖縄のジャーナリズムと政治家

確かに宗教的情熱をもって、社会革命を目指し反体制活動を行う左翼と対峙《たいじ》することは、骨の折れる事に違いないでしょう。これが又票につながらないとなれば、政治家ならますます気の重くなることでしょうし、ましてや選挙に不利となるものであればまっぴらごめんだとなります。

そしてそういう風潮づくりに知能犯的に邁進しているのが戦後のマスコミです。沖縄の新聞二紙、『琉球新報』『沖縄タイムス』等はその極端な例です。東スポこと『東京スポーツ新聞』といえば首都圏の方々には特別な響きがあって、例のアレかとなるそうですが、沖縄県民の場合、東スポレベルのものを社会の公器として読まされるのですから県民世論が歪むのも、無理ありません。

名護市辺野古への普天間基地の移設も、この構造の中では混迷をきわめる訳です。沖縄県の保守政治家は、完全にマスコミの敷く空気の支配をうけています。一般県民にしても同様の事が言えます。これを跳ね返すエネルギーとは、きっと強力なものが求められることでしょうが、どこにもその拠り所となるものがありません。

先の島袋吉和前市長などは、その貴重な例外のお一人なわけで、こういう気骨のある人物はどうしても負の和から疎外をされる方向へ扱われてゆく事になります。

石原慎太郎氏も典型的な例でしょう。作家から国会議員へ、国会議員から都知事へ、都知事から又国会議員にと大奮闘の人生となりましたが負の和の壁は高く厚く氏の前に立ちはだかり続けました。氏の激烈なる弁舌もパフォーマンスも智謀も、日本国憲法という城を落とすことはできませんでした。和を崩すことはやはり、許されないのです。

島袋吉和氏も又いくつもの勢力に行く手を阻《はば》まれました。特に本来なら味方のはずの身内的な方々のそれが一番きつかった様です。

その点もう一方の末松氏は、全くその逆でよく言えば柔軟、はっきりありのままに言えば優柔不断となりますが、どんな和にでも対応できるこのスタイルは空気に逆らう島袋氏よりもはるかに有利となるのは言わずもがなで、反日反米新聞『琉球新報』『沖縄タイムス』の作る空気を恐れる沖縄保守政界の支持を集める事になりました。

又、地元の市長候補選考会も、実質的には利権選考委員ともいうべきもので（おっとこれは、私の言い出したことではなく、他にも例えば、知事選候補者スーパースター喜納昌吉氏は、挑む選挙に「基地土木利権を俺は許さん」と気炎を上げていました。）新聞の作り出した米軍基地は悪いという空気と利権の負の和によって、市民が本命と目した前市長にして北部振興協議会顧問の島袋吉和氏はまんまと排除される流れとなりました。

ところが、ここからこのドラマは面白くなるのです。

島袋氏は、一貫して移設推進を公約に掲げると言って旗幟鮮明であるのに対し、末松氏は玉虫色をつかって態度をあいまいにする戦術で選挙に臨もうとしていました。移設問題を争点としない、あくまでも経済振興でゆくというこれ又事無かれ主義なのです。

そして移設に関しては、自民党県連と連携してゆくと言うのです。その県連は、後に知事選に出馬をする翁長氏によって県内移設反対を基本方針とする策に固められていました。

更におかしな事に自民党本部は、その県連の方針を認め、あろう事か基本的には辺野古移設に反対のスタンスを取る末松氏を候補一本化の為、支持する動きを見せてきたのです。

この流れをずっと静観していた島袋氏は、不退転の決意をもってこれに挑むことにしました。立候補に名乗りを上げたのです。これにはさすがに末松氏ご自身はもちろん、政界の事情通や古ダヌキと言われる方々も、ほとほと困る事になりました。

これによって保守分裂が確定した様なものだからです。

この時の島袋氏のとった行動は、是か非か——一般常識論から言えば、保守分裂を招く行動は認められるはずはないのですが、ここが政治の面白いところだと思います。

政治の原理、あるいは力学は、他の例えば経済のそれとは違うのです。島袋氏は、その後かたくなに信念を貫く方針を堅持してゆきます。彼はぶれない男なのです。

これは、氏の今までの活動を見れば、むしろよく理解、共感のできる事なのです。氏は市会議員時代から辺野古移設の問題に取り組み当時の政府を含む関係者と協議に協議を重ね、幾多の紆余曲折を乗り越え市長時代にやっとV字滑走路案をもって最終決着を見る寸前まで持っていった当事者だったのです。

島袋吉和前市長の信念、理念はこうです。

「沖縄県は、経済基盤の脆弱な地域であり国の振興支援がどうしても必要である」「宜野湾市の市街地にある普天間飛行場の危険性は、辺野古移設によって除去され、あわせて他の広大な基地の返還も統合整理縮小政策によって進む」「経済援助と基地負担がリンクしていないはずがなく、更にこれが一番重要で国家の安全保障に大きく貢献する」――これのどこに文句のつけようがあるのか、いい加減にしろというのが氏の思いなのです。

政治の世界に限らず、妥協と打算はつきもので潤滑は他に負けず必要なことではありますが、和ばかりが社会の至上ではありません。

未来の果実、将来の繁栄を考えるのが政治です。

島袋氏は、決して駄々をこね強情を張りたかったわけではありません。その証拠に氏は末松氏側に対し、「辺野古移設を容認すると公言すれば自分は立候補を取りやめて全面支援にまわる約束をする」と何度も申し入れているのです。これを決して聞き入れなかったのは末松氏です。二人は何度か密会し決裂回避を探っています。

それでも世知に長けた方からは、そうは言っても選挙は勝たなければ元も子もない、義や理想はその後についてくればいいもので、書生っぽ論議はほどほどにという半畳が入れられそうですが（実際島袋氏を支持する私達はそう言い続けられました）、しかし草々この問題は浅くはないのです。選挙は、勝てばいいと言うものばかりではありません。

それは目を国外にも転じてこの問題を見てみようと言うことなのです。つまり中国の存在です。近年の沖縄の新聞マスコミ、左翼諸団体の主張、動きを見ているとそれらはすべて中国の利益にかなったものである事が分かります。一つひとつ挙げると本当にきりがないのですが、米軍や自衛隊の軍事的プレゼンスについての極端な反応は、普通の国ならとっくに外患誘致罪ものです。

例えば、南西先島諸島に中国は海軍艦船を接近、あるいは通過させたりと軍事的威圧を与え続けているのですが、海上自衛隊や米海軍の艦船が石垣港などに入港、寄港するとなると、平和市民団体を自称する活動家グループが労組を引き連れて激しい拒否デモを盛んに繰り返します。

又、国境の島与那国への自衛隊レーダー基地配備には、中学生や外国人にまで投票権を与えて、是非を問う住民投票を行わせています。

極めつけは、米軍オスプレイ沖縄配備に対しての発狂的反対運動でした。この時翁長当時那覇市長は、その中心となって県内各首長を口説き引率し、オスプレイ配備反対行動デモを銀座の通りで行っています。その際安倍首相に面会を強要し、建白書なるものを手交しています。建白書の中身については後述する機会があると思います。

不可解な事態が発生した際には私達は、ある方法論をもってこれにあたるとよく合点が行くんだそうです。これは『チャンネル桜』代表の水島氏が番組の中でもよくおっしゃる事ですが、つまり誰が結果として利益を得るのかという事です。

▲与那国での街宣

沖縄本島から与那国島へ単身乗り込み、自衛隊レーダー基地配備賛成派を大いに激励

オスプレイの配備とその反対活動は、象徴的で水島理論をあてはめると面白いのです。まずオスプレイは攻撃用の兵器ではなく単なる輸送機です。輸送能力だけを見るとオスプレイの上をゆく機体はたくさんあります。そのオスプレイ拒否を翁長グループと左翼諸団体、それを応援する新聞左翼は理由としてこれは安全上の欠陥をかかえた危険な飛行機であるとしました。そして連日市街地墜落の惨事が必ず発生すると言わんばかりのキャンペーンを繰り返していました。

しかし配備が実行されオスプレイの上空飛行が県民にとっても日常化してくると、さすがに反対勢力の熱も下がらざるを得なくなってしまいました。そして、彼らにとって不都合な事実がいくつも出るようになりました。

一つは、その安全性は立証されたものであり各国が採用配備を進めていている事、アメリカホワイトハウスもスタッフの移動用に使用、何と大統領自身もこれを積極的に利用、更に自衛隊も採用決定、極めつけは沖縄に配備されたオスプレイ飛行機が平成二十六年十月に米海軍航空安全賞を受賞したことです。四万時間無事故で運用され、その間フィリピンの台風被災救援にも普天間から飛び立っています。

もちろん地元二紙は、その意義を県民に伝えようとしません。つまりオスプレイが欠陥機というのは根拠がない事で、配備反対は事実誤認に基づくバカ騒ぎであった事が判明し

▲**MV-22オスプレイ**
ヘリコプターモードで離着陸するMV-22オスプレイ。
巨大なヘリコプターともいえる画期的な飛行特性を有する。

たわけです。
本来ならこの騒ぎの責任を翁長氏は問われるべきでしょう。

では何が問題の核心であったのか、それはオスプレイが有翼機でありながらヘリコプターと同じ垂直離着陸性を持つことにあります。その為オスプレイはそれまでの運用ヘリコプターに比べて航続距離が四倍、速度で二倍、搭載能力で三倍という能力を保有しています。

要は、ヘリコプターと通常機のいいとこ取りを実現した画期的な航空機ということです。オスプレイの運用主体は米海兵隊であり尖閣諸島に限らず、離島の有事に対して米軍の即応性は飛躍的に高まります。

そのもたらす軍事的効用は中国軍にとって東シナ海、南シナ海での兵力運用の死命を制せられるものなのです。つまり、これら洋上の島嶼《とうしょ》防衛にオスプレイを用いられたら、侵攻が不可能になってしまうということです。

オスプレイ配備阻止における最大の受益者が中国であることがこれではっきりしました。安全飛行の単なる輸送機にこれ程の大反対運動が起こったのは、こういう裏があったわけです。

この展開を見て翁長氏とそのグループ、そして左翼の皆さんの中国とのつながりを疑わない方がいるとすれば、よほどのお人好しでしょう。

こういった事が示すものは、中国の沖縄浸透工作の根深さです。

名護市長選で守ろうとしたもの、それは「国益」

こういう隣国の策謀があって沖縄県が本土からはるか遠い南の海域にあるとなると、果たして選挙は内容よりも、兎に角勝つことだという論理が当然の様に通用するでしょうか。当時の私達も「名護市を豊かにする市民の会」を結成し、ブレる事なく島袋氏を支持していました。しかし氏を応援することを多少とも期待された方々は、新聞の米軍基地は悪とする空気と直接的な同調圧力に恐れをなし、自らの保身第一とばかり、前市長を孤立無援の状況にしました。経済界もこれに同調し、いよいよ万事休すかというのにご本人は、意を曲げる様子を見せませんでした。

そのあたりが氏の底力、胆力と言ってもいいでしょう。が、これにはほとほと地縁、血縁の方々も支援しながら、つらい思いをされた事でしょう。

その間各方面から、氏へ翻意を促すアプローチが何度もなされました。左翼を含めあらゆる反対者に囲まれながらも奮闘する人物の心意気は実に見事でさわやかなものを感じさせます。

新聞はもちろん、地元保守も県連も自民党本部もよってたかって島袋氏下ろしに懸命で日本全国の目が注がれている中での氏の志操堅固《しそうけんご》ぶりは、まさしく一幅の絵になるものでした。

そのお付き合いをした私達も、又批難を浴びました。島袋氏を担ぎ出し保守を分裂させる不届きな連中、右翼まがいな連中というわけです。

ここで氏のキャラクターについても少し述べさせて頂きます。氏の人となりは、出身地の数久田《すくた》区を抜きには語れません。数久田区は、名護市街地の入り口の少し手前にある世帯数三九七世帯、住民数九三八人の集落で名護市にあっては独自色の強いところとされています。その独自色の第一は、気っ風の良さと溢れる男気です。あと、負けじ魂の盛んさもあり、多くの人材を輩出しています。

土地のこういった特質を体現しているような人物が、島袋吉和氏の人となりなのですが、この点を考慮しない様な説得法が、例えば利をもってなびかせようとか、あるいは圧力をかけるとかが上手くいくはずがないのです。終《しま》いには党中央の有力政治家から私の様な若輩者に、島袋氏説得の依頼がありました。その内容は、あなたは近くにいるからどういう条件（金銭含めた）ならＯＫしてくるのかというものだったので、こりゃダメだと思ったものでした。島袋氏の人物を類型で考えることをしない為に、ここでも迷走が深まってゆくことになりました。

このようにしてまで島袋氏や私達が、普天間米軍基地辺野古移設推進の主張を曲げなかった理由とは何でしょう。

私達には、利権に結び付くものなどはなく、その活動も自弁でまかなうボランティアでした。メンバーの中には、結構な金額の自腹を切っての活動になった方もいます。

又、イデオロギー的な意固地に凝り固まった主義主張によるものでもありません。私達の行動の目的、それは国益を守る事にありました。その為に私達は、安易な保守候補一本化の和に組することを良しとしなかったのです。

これは、大局の生き筋が見えているか否かの問題でもあります。

観点を東アジア全域を見渡す高所に置くと、軍事大国化した中国の膨張主義が周辺諸国を追い詰めているという現実が見えます。既に南シナ海の沿岸諸国は、その沖合の領土、領海を中国に侵食されています。ベトナム、フィリピン、マレーシア等は自国のすぐ目の前の海にまで中国に迫られています。

沖縄、台湾の場合在沖米軍というアメリカの軍事的プレゼンスの存在するお蔭でもって中国覇権の進出を押さえているのであって、もしこれが機能障害を起こすような事があれば、同様な展開が東シナ海で再現されるのは間違いない事です。

このような事は本来なら沖縄県にとって超重要な話なのですが、何故かほとんど話題になる事はありません。それは、沖縄の新聞マスコミが意図的に中国脅威論が県内に広がらない様情報や言論を統制しているからです。何とも厚かましい連中です。

そして、何か尖閣海域で中国軍による騒ぎが起きてもなるべく小さく、例えば領海侵犯等がそうです。ベタ記事で目立たないように済ませようとします。

民放キー局テレビが報じるようなケースの場合は、仕方なく取り上げるのですが、普段は見事な客観報道に徹します。そして細心の注意を払って中国を非難するかのように見せかけて上手くこれを擁護するレトリックを披露してくれます。

曰く、日本の過剰反応によって中国を刺激するような事があってはならない、日中友好の精神を日本は忘れるな、平和友好の海は力で対抗するのではなく話し合いによって維持されるべき等々、ほとんどパロディかと思えるものばかりです。

このように県民の危機管理意識をマヒさせて置くのも我らが県紙の重要な任務のうちなのです。

本格的な大戦争には、まるっきり弱い中国も、あるいはそうであるが故に謀略戦に特化しているところがあります。これから言える事は、彼らの得意としているのは情報の取り扱いの仕方でしょう。

世界にも、いや人類史上にもまれな性善説社会を営む日本人は有事でもない限り情報管理にも和の精神であたります。しかし中国では、情報は武器そのものになるという認識、というよりも感覚レベルでそのものであると捉えていることでしょう。

その沖縄を狙う事飢狼のような中国はじっと深く沖縄県内の政治的動静を注視している事でしょう。そして県民性の分析、現状における弱点並びに急所の研究にさぞや、熱心であろう事は、想像に難くありません。

共産党軍事独裁国家中国、その専制体制の内側にいて、権力を握る人々は、民主国家日本の現在の在り方を、どうような感覚でもって捉えているのでしょうか。

人間の尊厳を人権という形で認め、擁護してゆこうという近代人的価値観を彼らは、どう思いどう評価しているのか、興味がそそられるところです。少なくとも日本政府、沖縄県との間に見られるような関係は、彼の国では考えられない事でしょう。

一地方のサボタージュに国家の安全保障上の懸案事項を二十年以上に渡って政府が振り回されてる図は、力の信奉者たる大陸人にとってはむしろ頽廃にしか見えないでしょう。

頽廃現象が亡国の最終段階であるという認識が国際標準とするなら、隣国日本侵略ＯＫ

のシグナルが出ていると彼の国は思うことでしょうし、既にその認識段階も過ぎていると見ておいた方がいいかもしれません。

こういった見地に立ち改めて沖縄県を見直すと、在沖米軍基地問題を争点とする県内選挙は他の国内自治体のそれとは、大きく意味合いを別にするのです。私が申すまでもなく気鋭の評論家の何人もが、中国の沖縄親中化工作の危険性を訴えています。しかし、重要な、矛盾点についての言及がないのはどうしたことでしょうか。

ではその矛盾点とは何か、まず政府自民党にそれは求められます。

そもそも沖縄米軍基地は、日米安全保障条約に基づいて駐留するものです。そして安全保障は国の専権事項です。にもかかわらず、移設は地元合意を前提とするとしたのは、致命的な失敗です。これでは反体制活動にお墨付きを与えた様なものです。この地元合意が誰によって入れられたものなのかを私達は究明しなければなりません。謀略の可能性が大です。

次に政府の取り組みの弱さです。この由来は日本国憲法による、すべての日本人の戦う心の骨抜きです。憲法のどこにも心的エネルギーの拠所がない為、強力な抵抗、反対にあうともう腰砕けとなってしまう同じような場面を国民は、何度も目撃させられました。

安保闘争、成田闘争、反原発闘争等を大とし、小に至っては数多の例があります。

政府、あるいは与党自民党が直接県民に説明し理解を求めることが今までほとんどなかったというのはどういう事なのでしょうか。侵略行為当事国中国に気兼ねして説明責任を果さないとは、もうそれ自体亡国ものです。

そういう最中、革新左翼が辺野古移設を阻止する事をもって選挙に挑むとなれば、沖縄の真正保守としてはこれに背を向けるわけには行かないのです。

先述した、選挙は勝てばいいといいものばかりではありませんと言う事の趣旨は、ここにあるのです。

私達は、状況を考えました。米軍普天間基地返還は移設を条件に日米両政府間で合意、自民党沖縄県連は当初辺野古移設の推進当事者であったのが途中で県内移設反対に変節、県連に従って名護市北部支部は辺野古移設容認を取り下げ、ところが本当の地元名護市辺野古区は当初から圧倒的多数が条件付きで移設に賛成、そして選挙にはバリバリの移設推進者と基本県外あとは成り行き次第という玉虫色保守がツバ迫り合いをしている、その中での正しい対処とは一体どのようなものか。

こういう複雑系を考える時押さえなければならないのはその筋です。どう考えてもこれでは筋がおかしいのです。辺野古移設を進めなければならない政府自民党が移設をすると言いながら、立場を同じくする島袋前市長を排除して県内移設反対の県連に従うと言う人物に党推薦と与えるのは自己矛盾でしょう。私達は、もしこのまま県連の思惑通りに事が進んだのなら沖縄の将来に重大な禍根を残す事になると判断しました。

つまりこれは、我が国の自己統治能力の欠如をはっきりと国際社会に晒す事になるのです。

国際社会、というより周辺諸国は我が国の動向を注視しています。そして絶えずその隙を伺っています。現に韓国の李明博大統領が竹島に、ロシアの大統領メドベージェフが北方領土に上陸したのは、民主党菅政権が尖閣で我が国の巡視船に体当たりした中国人船長を無罪放免にしたからです。ここに彼らは、日本の領土保全意志の弱さを見抜いたのです。

私達は、この愚を繰り返させてはならないと考えました。日本の政治の現状は種類の悪い和を保とうとするあまり最優先されるべき国益を見ようとしないというものなのです。私達が名護市長選挙で守ろうとしたのは、国益だったのです。沖縄に、地元名護市に不屈の愛国者がいて、あくまでも国を守るという姿勢を崩さないという事を日本の安寧を破ろうと様子を伺う連中に見せつけてやるのが目的だったわけです。

幸いにも名護市には、島袋吉和という傑物がいらっしゃって不退転の決意でこれに望んで頂きました。氏も又愛国心溢れる御仁です。私達も支えがいがあったと言うものです。

その後島袋氏は、選挙告示の直前まで粘りました。告示は一月十二日でしたが、その十八日前であった丁度クリスマスの日に氏の本拠地である地元数久田区の体育館会場で島袋、末松両氏の和解と協力一致を演出する集会が開かれました。その仲介仲立ちは、沖縄選出の参議員島尻安伊子氏と元防衛大臣中谷氏でした。その中で島袋氏は、選挙応援を約束し末松氏も又要求に従う形で辺野古移設を容認すると宣言することになりました。

島袋氏は、立候補を断念するにあたって相当なご苦労をなさって自民党要人の方々と交渉をされたと想像できます。

当初党執行部は、あきらかに島袋下ろしに加担さえしていました。それまで正しい情報が県連から伝えられてなかった、あるいは、意図的に情報を操作されていた為にずっと判断を狂わされていたのですから仕方がありませんが、数久田魂も又、御存知なかったのでしょう。交渉が進展しない様子に、政府あるいは党本部が主役を交替したようでした。そして次々と大物を名護市に送ります。額賀氏もそのお一人です。情に厚い島袋氏もからめ手には弱く、交渉は進展を見たようです。

そして、大きな成果を党本部とともに得ました。その最たるものは、自民党沖縄県連を県外移設から県内移設に方針を大転換させた事です。

又、県選出国会議員も同様に県内移設にスタンスを変えさせられました。安倍首相と菅官房長官は、最強あるいは最良のコンビなのでしょう、県民保守から見れば、保守政治家の資質さえ疑われる方々を強力にご指導して下さったという事です。党本部に離党勧告まで持ち出されての圧力に、その変わり身は早かったようです。残念ながら保守支持者として先生方に他の多くの方々と同様苦言を呈する他ありません。おそらく離れた民心の取り戻し方もご存じないことでしょう。

島袋吉和氏という一人の人物の不屈さによって日本国が国際社会に面目を保つことができたのは本当に幸いなことでした。

ここで改めて、島袋吉和氏と氏を支えてこられたご家族の皆様に国民有志を代表して謝意を捧げたいと思います。大変ありがとうございました。

これによって、その後翁長氏を中心とする親中派には大きな計算の狂いが生じることになります。

マスコミが作り出す沖縄の基地問題

翁長氏を中心とする親中派の計算というのは、あるグランドデザインに基づいてのものでこれは沖縄県の将来はもちろんの事日本の命運をも左右するものである可能性がありま す。これは又、後述するとして次に争点の米軍普天間基地と米軍辺野古基地についてアウ トラインを手短に説明しておきます。

きっと世間一般にはマスコミのバイアスのかかった見方が定着していると思います。私 達は、対象を見る時先入観や固定観念を排することはできません。それは、情報の伝達が 実はイメージによってなされている為で、そのイメージというものは、流動性がなく固定 的です。

情報伝達の専門業者であるマスコミが、世論操作をする時、イメージの刷り込みをその 手口とするのはこの為です。

沖縄の基地問題が語られる時、よく基地の重圧、過重負担という言葉が使われますがこ れは単なる印象論にすぎません。実際その内容はと問われると誰しも困る事になります。 出てくる答えも騒音程度のものであり、その他のものは、具体的検討を加えると不都合 が露呈しとても重圧に値しないこととなります。

では、普天間基地についてのイメージを修正してみましょう。

まず「世界一危険な飛行場」という負の称号をつけられましたが、この言葉は平成十五 年普天間を視察に来た当時のアメリカ国防長官ラムズフェルド氏がその時発言したものとされ、その後盛んに新聞マスコミ等によって用いられ定着し、政治家識者が普天間基地を語る際の枕詞になりました。

これ程使われたとなると、もうその前提を疑う事は難しくなります。前提とはつまり、本当にラムズフェルド氏はそう発言したのかです。結論から言えば氏はそういう発言をしていません。

なぜ私がそれを知っているのかと言うと、これを調べた方が私に教えてくれたからです。この方は、当時から疑念を抱いていたそうです。そして、直接ラムズフェルド氏に問い合わせ確認をしたところ、そういう発言をした事はないという返答を得たそうです。私にこの真実を教えて下さったのは元米海兵隊政務外交部次長ロバート・D・エルドリッヂ博士です。

過密地域にある飛行場は、世界には何か所もあります。国内では、大阪国際空港（伊丹空港）や福岡空港（板付空港）の例があり、発着回数や機体の大きさから言えば、よっぽどそちらの方が危険度は上でしょう。

市街地の中に普天間基地があると言われますが、作家の百田尚樹氏も指摘されるように基地の周りに人が集まり出して街になっていったのであって、周りが普天間基地を街の中の飛行場にしたのです。もちろん仕事、その他生活が、暮らしがいいからです。つまり迷

▲米海兵隊普天間航空基地
米軍飛行場を取り囲む宜野湾普天間の市街地化・むしろ街並みの方にご注目を。街が基地を包囲している。

惑を受けているのは普天間基地の方なのです。

行政の観点からもそれは確かめられます。普天間基地の周りを学校、市庁舎等の公共施設、大学、民間商業施設、住宅等がまるで取り囲むように密集していますが、その建築許可を出しているのは宜野湾市自身です。飛行機の進入経路は、特に法規制され安全が計られるはずが何とそこにもおかまいなしに建造物が立ち並んでいます。

平成十六年に米軍普天間基地所属のヘリコプターが、基地に隣接する沖縄国際大学キャンパス内にハードランディングし三人の負傷者を出した事故がありましたが、あくまでもこれを墜落とし、新聞マスコミと左翼大学は大騒ぎをしました。しかし大学をあえて軍事施設の隣に設置し、学生を危険に晒すことにした大学側の落ち度は、一切問われることがありませんでした。何を研究し、何を教えている大学なのでしょうか。

さかのぼって普天間基地を考えると、戦後米軍基地として整備される前は、旧日本軍の飛行場でした。

戦後無理やり米軍が飛行場にしたというイメージがあるならそれは誤りです。戦前沖縄の人口は、六十万を超える事はありませんでした。その人口は戦後二十年で二倍以上に増えています。沖縄に過酷な基地の重圧があったのなら人口は伸びないか、むしろ減るのが道理でしょう。普天間基地のある宜野湾市は、他の市町村の人口増加率を大きく上回り一万余の人口から現在は六、七倍の九万三千人の街に変貌しました。これはどう見ても発展であって、本来なら基地はプラスのイメージであるべきです。

基地の重圧と過重負担によって、地域が大発展したとなると日本語の表現としてもおかしいし、発展は誰しも確かめられる客観的事実であって重圧とか過重負担は、人によってそうともそうでないとも言える個人的主観であるので、ここは基地経済の恩恵を素直に認めざるを得ないでしょう。

これは、宜野湾市区のみならず全県的な現象であり、これを積極的にあるいはまともに評価しない沖縄県の在り方は異様です。

何せ貧しくて当たり前だった沖縄が戦後急速に生活のできる島となったのですから、正しい歴史評価を定着させないと沖縄自身の自己認識に齟齬をきたしてしまうでしょう。この間の事情を説く書籍は少なく、沖縄関連本の大半が左翼史観に基づくプロパガンダ本ばかりと言う実態もあってなかなか一般県民は、正しく認識することができません。

その中にあって沖縄を代表するジャーナリストの一人である恵隆之介氏の一連の著作は、沖縄問題の本質をつくものとなっています。

あるとされる問題を少し細かくみるだけで矛盾が直ぐにも浮かび上がります。事実を知れば知る程、普天間問題のイメージが変わります。

しかし、それでも一般大衆の場合イメージは共有されるものでありなかなかイメージの転換は進みません。識者や関係者、関心を寄せる者なら独自にイメージを変えて、それを自らの内に再構成ができるのですが、そうではない関心の薄い国民層にとって自分自身に直接つながりのないものの場合、イメージのあり方は他人任せとなってしまうのです。

私達が考えるべき点は、当事者意識をどのように国民の間に醸成するかでしょう。攻勢をしかける左翼に有って守る保守に欠けているのはこの点です。

では次に移設地辺野古について見てみましょう。まずはじめに指摘しておかなければならないのは、「新基地建設」という文言です。正しく「移設」とは一切言わず「新基地建設」という誤った表現を意図的に用いるのにはもちろん理由があるのです。

左翼の運動は、いつも言葉のごまかしから入ってゆきます。もうこれは習い性であり、ある意味本質です。彼らのよって立つ左翼思想は、その根本が唯物観というプラスチック、無機物なので言葉は単なる手段以上の何物でもありません。言葉に一切責任を感じない人々が国内の要所にいることは何とも無気味です。

今回のごまかしは、移設の本質についてです。移設の本義は、市街地飛行場の危険性の除去であったはずです。その為の返還でしょう。この「危険性の除去」という言葉に左翼は抗うことができません。賛成派に危険性を放置していいのかと話を詰め寄られ議論を挑まれると立ち往生するほかないのです。

そこで考え出したのが「新基地建設」という概念です。これが事実がどうかはどうでもよいのです。大切なのは、自分たちの真実、左翼的真実であって、これを実現する為なら何でもするわけで、事実など解釈の問題にすぎず、必要なら消し、必要なら捏造するなど何でもござれなのです。ましてや歪曲程度なら日常ものであり、むしろ曲がっていないことには彼らには真っ直ぐには見えないでしょう。

この情報操作のおかげで、全国的に政府によって沖縄に新たな米軍基地ができるという誤った認識が広がる事態となっています。

あくまでもこれは既存の基地の沿岸部を埋め立てての移設である事を政府は国民に周知する必要があるでしょう。

そういえば、移設先の辺野古既存基地についてあまり語られている様子がありません。ここは私の地元でもあるので、理解の一助となるような説明をさせて頂きます。

この既存の基地とは、米海兵隊シュワブ辺野古基地の事で設営されたのが一九五九年です。シュワブ基地にも又沖縄の不都合な真実があります。翁長現知事が、今いたるところで沖縄被害者史観をまき散らしています。その中でも米軍が銃剣とブルトーザーで土地を奪って基地を建設したというストーリーは、定番で、例外的な事柄を全体であるかのように語るのは、ほとんど詐欺の類いです。

シュワブ基地ができた経緯は、今ではほとんど忘れ去られています。なぜそうなったのか私もあまり気に留める事はなかったのですが、保守運動に参加するようになっていくつも気づかされた事があります。その一つが、歴史の風化に偏りがあるという事です。

つまり、ある勢力にとって都合の悪い歴史は、その風化忘却が早いのです。そしてある偏りをもったある種の歴史情報は、いつまでも鮮やかなのです。ここまでくるともうお分かりだと思います。これは、ある意図を持っての情報操作がなされていることを暗示しています。

反日反米を刷り込むものは、風化しないように扱われ、逆に左翼運動の広がりに支障をきたすと思われるものは、その時点に留まるよう図られているのです。ここで私達が知るべき歴史の真実は、基地に苦しむステレオタイプの沖縄というイメージをお持ちの方にはびっくりものでしょうが、辺野古シュワブ海兵隊基地は、地元が積極誘致して出来た基地という事です。この誘致策は大成功で、辺野古区は信じ難いくらいに潤いました。

これを裏付ける話は、いくつもありますが、ここでは米軍側の資料を挙げます。それは、一九五六年当時の在沖縄米国民政府民政官レムニッツァー陸軍中将の副官兼通訳官であったサンキ浄次米陸軍中佐の手記です。

▲名護市辺野古の米軍キャンプ・シュワブ基地
辺野古の地にキャンプ・シュワブ基地が作られたのは1959年。
その隣接地域は経済的に大いに潤う事になった。

タイトルには、「The Birth of a Marine Base」というもので、その中に久志村（現名護市の一部）の誘致活動が記されています。

当時の村長比嘉敬浩氏が再三陳情を米軍側に行っているのです。その度に久志村会議員全員の署名を携えており、その熱意が伺えます。交渉の中、陸海空軍は基地増設は不用であったのですが、訓練場増設を必要とする海兵隊がこれに応じる事になりました。

その様ないきさつから地元辺野古とシュワブ基地は、はじめから大変友好的な関係にありそれは今も変りありません。

「事実は、新聞社説よりも奇なり」とはこの事で、「えっこれって本当ですか」という声を上げる方もいらっしゃるでしょう。「何ぼ何でもイメージが違いすぎないか」とこう声も聞こえてきそうです。あの熾烈な辺野古基地ゲート前の反対運動は一体どういう事だと誰しも思う事でしょう。

事実としてのシュワブ海兵隊基地は辺野古区とその周辺にとっては重要な生活の糧であったわけで、現代でいうところの村おこしだったのです。昭和三十年代当時の辺野古地区は、貧しい寒村で生きる為には村に止まることができない程の現実があったのです。

移設問題を分かりにくくしているものに、「地元」という言葉があります。この場合どこまでを地元というのかと言う問題があります。ややこみ入った事柄になりますが、もともと辺野古とその周辺は、久志村と呼ばれる地域で名護市とは別の自治体だったのです。

地理的にもそれははっきりとしていて、名護市街地が南北に細長い沖縄本島の西海岸に面しているのに対し辺野古は、反対側の東海岸にあるのです。又沖縄本島は、東西を南北に連なって走る山々に隔たれており、名護市街地と辺野古区も地理的には、空間を別にしていて、本来なら地元と言えば辺野古区というのが常識でしょう。実際名護市街地の住民にとって日常の地理感覚に辺野古区はなじみがありません。

しかし、市町村合併で同じ行政区となった為、人口のはるかに多い市街区が辺野古区の意向を決めるという理不尽な結果になってしまっています。ここは、やはり「地元」というのは辺野古地区であると言うことを明確にしなければなりません。地元住民が反対運動を行っているわけではないのです。

もちろんここでも左翼の詭弁、強弁がこういう事態を引き起こしているのです。

環境保護を理由にしての反対についてはどうでしょう。デリケートな国民性にかなり訴えるものがあります。例えばジュゴンの生息保護などです。よく反論としてジュゴンより人々の暮らしが大事だとか、国防とジュゴンを同列に扱うな等と言う正論も盛んなのですが、これはじつはピントが外れています。

反対活動団体が主張するジュゴンに関する情報は、実は誤りです。と言うよりも作り話なのです。ジュゴンについては、沖縄県内で活動する「チーム沖縄」とその仲間の皆さんが詳らかにしています。詳しくは、インターネットで調べやすいように整理されているのでどうぞご覧ください。

いくつか取り上げてみましょう。

何と保護を叫ばれるジュゴンは、辺野古にはいないのです。反対活動団体がいうジュゴンのいる辺野古の海というのは、得意の詐術なのです。ジュゴンは、正しくは辺野古よりも北側の大浦湾の北側の集落嘉陽沖合いに回遊生息するもので辺野古の海には回遊することもあるという程度の関わりなのです。

では、ジュゴンを絶滅させてはならないという主張はどうでしょう。ところがこれも又ウソ話なのです。そもそもこれは、種の保存の問題でも何でもないのです。何故ならその数がわずか三頭だからです。

この数ではもう繁殖うんぬんの話ではないのです。つまり何が何でも反対運動に利用できるものは、徹底して使うということです。

ほとんど良心の呵責を感じていないのが彼等らしいところで、恥の感覚もおそらくない事でしょう。

因《ちな》みにジュゴンは、フィリピン、マレーシア、インドネシア、オーストラリアの海域に八万頭、他の海域に二万頭が生息していると言われています。沖縄辺野古北側嘉陽の三頭を取り上げジュゴン全体の保護を叫ぶのは全くのお門違いなのです。

それにしても、いちいちこういう反駁《はんばく》をしなければならないのは、実にわずらわしい事で大方が嫌気をさしています。

なぜなら自分の時間が非生産的な事に費やされる事になるからです。世の中一般の普通の市民に、これに付き合おうという方はほんとに少ない事でしょう。

保守の方々によくある事ですが、彼等左翼が行うデタラメに対し社会に実害を与えるのに憤慨し、真っ向から対峙しようと意気込むパターンがあります。不正を許せない気持ちの発露です。しかし、やっかいな事に左翼はこれにひるむどころか逆にファイトを燃やすのです。障害の発生は、むしろ彼らの喜びであり生きがいの充実感をもたらします。

これはもう宗教活動と見なければいけません。困難に会うと、自らの信仰を試されていると思うのです。あるいは思わされているのです。

つまり彼らを正そう、考え直してもらおうと真面目に取り組むのは、方法論として既に誤りという事なのです。類型的理解をすれば対応、目標は自ずと定まります。

彼らの進むべき道、辿るべきコースは自壊です。パラノイアのゆがみは、正そうとして正せるものではありません。自壊に誘導してあげるべきです。

一番の近道、有効打は自己矛盾というお薬を処方してあげる事ですと私は識者に教わりました。論理がというより理屈が売りの彼等ですからたちまち因数に分解され連帯を、力を失うことになるでしょう。思う所は多々ありますが、ここでは、論旨が別となりますので深くは立ち入りません。別の機会に又論じさせて頂きたいと思います。

このようにマスコミが騒ぎ立て、ない問題をさもあるかの如く虚構して沖縄問題というものを作っているのがご理解頂けると思います。もともとマスコミには、特質としていわゆるマッチポンプの傾向がありました。

沖縄の新聞、『琉球新報』『沖縄タイムス』の場合は、それ以上のものでもう放火魔とでも言わないと表現が追いつきません。いずれその報道犯罪、報道テロが裁かれる時が来ます。それは、法的にも道徳的にも許されないことを示すものになるでしょう。

平成二十六年一月に行われた名護市長選挙は、共産党の支援も受ける稲嶺進氏の再選という結果になりました。四一五五票の差は、人口六万余の田舎街では大差と言えます。新聞の劇場型世論操作は、まんまと上手くいきました。

政府も自民党本部も県連も保守候補者も地元の保守も関係者すべてが基地問題に背を向け逃げの姿勢で選挙に臨むからこうなるのです。これは今まで幾度も繰り返されてきた事です。まとまった組織立った反論、反攻がなければそれがどういう意味を持ち、どういうフィードバックをもたらすのか、保守と呼ばれる保守とは思えない方々は御存知ないようです。想像力の欠如なのでしょうか、あるいは、保身行為の連鎖現象なのでしょうか。結局迷惑をこうむるのは善良な県民国民ということになります。

念の為、確認をしておきますとヒステリックな主張に対して、何の反論もしないという事は、過激な主張をする側に空気の支配を許してしまう事になります。そして又、それは深化してゆき、相手の論理、言い分に裏付けを与えるものとなります。正しくもないものに偽りの正しさを与えると言ってもよいでしょう。

人は、何であれ戦わなければなりません。専守防衛などというのは、まさしく虚構です。言葉としても虚偽概念です。その証拠に英語その他に訳語がないそうです。

専守防衛の軍隊というのも全く想像できません。射程距離の短いミサイル、大砲、ライフルを装備する軍隊なのでしょうか。あるいは、航続距離の短い航空機、艦船を保有するのでしょうか、全くのナンセンスです。より強力な武器がないと防衛の為の抑止力にならないではないですか。個人だって生活安全の為にするべきことはしているでしょう。

つまり、守りの為の守りなどないのが現実です。攻撃の為の攻勢、守りの為の攻勢――いずれにしろ攻勢――しかないのです。攻撃は、最大の防御とはこのことを言うのでしょう。

どうして、政治だけが例外であり得るのでしょうか。個人も国家も同じだというのに。

基地問題から逃げてはいけません。消極的な姿勢もいけません。正しい態度は積極的アピールです。「基地は必要だからある。むしろ防衛力は強化しなければならない。基地機能を高めよう」――最低でもこれ位は言わなければなりません。

「真っ先に危ないのは、沖縄県です」と本当の事を県民に伝えなくてどうします。この場合、〝沈黙は金ではなく鉛〟なのです。それを「県民の皆さまスイマセン。更なる基地負担をご理解下さい」などと言うから何も知らされていない県民は反発するのです。反対派左翼のデタラメな主張を助けているようなものです。

ここが改まらない限り、選挙は「百戦危し」の連続でしょう。

新聞が当事者となって行う沖縄県知事選挙

実際前項で述べた「百戦危し」の状況は、名護市長選挙と同じ年の十一月に行われた沖縄県知事選挙に見事に再現されました。

この選挙は、幾重にも錯綜したものになりました。その全容は未だよく分からないことも多く、当時は揣摩《しま》臆測が飛び交ったものです。

私は、保守活動に携わって以来、いろいろな勉強をさせて頂いておりますが、この選挙に学ばせてもらったものには大きなものがあります。それは、例えば人物論です。人についての見方はそれこそ沢山ある事でしょう。しかし私は、先にも人を類型で理解する方法論について言及させてもらいました。それは自分自身の内にある、物の見方についての偏りを是正する機能を持つもので、客観が主観を、主観が客観を補正すると言えば半分は言葉遊びなのですが、とにかく私的には自己満足も多分に含んで大きく納得するものです。

この見方で今回の知事選挙を見てゆきたいと思います。通常の政治力学的見方や、あるいは常識では到底この選挙の経緯に合理的解釈を与える事はできないでしょう。

名護市長選挙投票一ヵ月前の前年十二月に、当時の仲井眞知事は、普天間米軍基地辺野古移設に不可欠な辺野古地先埋立ての承認を行いました。これによって政府は移設実現の為の前提が得られる事になりました。

これによって長年に亘る膠着状態は打破され、いよいよ終結に向けて進みはじめる事になりました。激しい抵抗が予想されるものでしたが、均衡は破られたのです。しかしここでも又地元新聞は情報操作を行います。これを公約違反の裏切りであると言いたててきたのです。

これは、二つの点で虚偽です。一つは、仲井眞知事が行った埋立承認は行政判断であって政治判断ではないということ、二つ目は県内辺野古移設反対を公約にした事がないというものです。

原理的には、例えば建築基準を満たす建築申請には、政治判断が入らないのと同じです。許認可が恣意的になされることがあってはならないのは行政の常識、ルールです。又、危険性の除去が移設の主旨なのですから、遥かに安全になる辺野古移設をあえて否定するわけがありません。

にもかかわらず仲井眞前知事は、前代未聞の大バッシングを一身に浴びる事になりました。よほど新聞左翼は悔しかったに違いありません。憎しみさえ感じます。あれ程報道圧力を加えてやったのに、よくも跳ね返してくれたなということなのです。

当時の県議会の議事録を少し見るだけでもその圧力の激しさが伝わってきます、もちろん新聞は連日のように反仲井眞氏キャンペーンを展開していました。紙面には仲井眞氏を責め立てる激しい言葉が踊り、そのハッスルぶりはまるでスポーツ新聞であるかのようでした。

しかしそういう見方だけで済ましてはいけません。実はこの時にはもう実質的な選挙戦がしかけられていたのです。

新聞の見出しには、県政を非難する文言が注意深く並べられ、一定の方向へ考えが向かうよう紙面構成が計られていました。第一面の大見出しには、仲井眞知事攻撃、二面には社説でこれを解説、三面には左翼大学教授が識者として権威ぶった反日反米言説でこれを補強、中頃の文化面ではたっぷりの紙面を使って左翼文化人に言いがかりとしか思えない日米安保への情緒的攻撃をさせ、前後のページの読者論壇、読者投稿で偽りの反体制世論を展開させ、最後の社会面でプロ市民活動家を多数登場させた上で偽装の反戦平和プロパガンダイベントの模様をまことしやかに伝えるのです。

毎日これが繰り返されていると終《しま》いには、ターゲットにされた本人のみならず読む方も更には書く側さえもいつしか異常心理に陥るものと思われます。

ターゲットにされた当人は、何とか持ちこたえても、その家族の方々はまず神経が参ってしまうケースがほとんどのようで、その実例はいくつもあげられます。新聞による報道被害はそれだけでも興味がひかれるテーマであり、いつか沖縄にだけ絞った沖縄版ともいうべきものをまとめてみたいと思います。

読者として新聞書き手について言及しておきたい事があります。それはサディズムの心理です。読み続けると不快の念がたちまち湧く沖縄の新聞二紙は、明らかにこれにとらわれています。連想するのは、共産主義国家の旧ソ連や現中共の人民裁判です。無制限の暴力を手に入れると人は、特に左翼系の人々は自らの内にあるサディズムを抑えがたくなるようです。日頃から主義主張を構えているのですから事の運びは必然でしょう。

左翼新聞の反体制キャンペーンは、まさしく人民裁判劇です。冷酷にして無慈悲、良心の呵責は全然なし。これは共通しています。本当の正義が何であるかはさておき、絶対正義を確信する彼らはやはり社会にとって危険な存在です。

言葉というのは不思議な作用を持つ面があり、用いた言葉に自らが影響されるようで新聞を作る皆さんは、自作自演のマッチポンプ作業にはまりながら、自らの言葉に明らかに酔っています。それは、我を忘れる程です。

さて具体的にどういう文言を『琉球新報』『沖縄タイムス』は県民に刷り込みたかったのか。それは以下のようなものです。一つは、「公約違反」。行政の責任者にとってこの言葉はかなりダメージを受けるものでしょう。

ましてや事実に相違するものならとんでもない濡れ衣となる訳でとても承服できるものではありません。しかし人民裁判の法廷で重要なのは真理であって真実ではありません。

沖縄県知事選挙新聞報道という法廷では又、反対尋問というものがありません。告発はされる一方で、言論発表の手段を独自に持ちえない個人その他は、反論をしたくても伝える場が無い無力な存在です。よって告発は、即刑宣告になる場合が多いものです。

その新聞法廷に仲井眞前知事は十二月の埋め立て承認後に呼び出されて、翌年十二月九日の選挙終了後の退任まで立たされ続けていました。誠にご苦労忍ばれるお方です。心ある県民なら、徹底した行政マンであられた仲井眞弘多氏に敬意を、賛辞を贈らなければならないと私は思います。

氏は数々の圧力困難にもめげず埋立て承認の行政判断を下し、取りやめろという政治判断の強圧をはねのけた現代的英傑です。

こうやって仲井眞氏潰しを目的としての実質的な事前選挙キャンペーンがはじまったのですが、又々例によって反論をしない、事を荒立てない方針が繰り返されました。

集中攻撃に晒された仲井眞氏ご当人は、やはり気骨ある方で、新聞マスコミと対決する腹積もりでした。『琉球新報』『沖縄タイムス』の自分に対する報道攻勢の内容のあまりの酷さに憤懣《ふんまん》やるかたない思いをされていたからです。氏の発言の真意をゆがめるだけでなく人格攻撃も頻繁に行われていました。悪い性格、悪徳な人格というイメージを県民に植えつけ支持を奪おうというわけです。

例えば、新聞報道に用いられる仲井眞氏の写真は印象が悪くなるような映りの良くないものばかりが意図的に用いられていました。

体調を崩し坐骨神経痛の治療で入院した時にも、政治的追及を逃れる為の仮病であるかのような憶測を誘うような記事にされていました。

又、平成二十五年十二月に大きな振興策を政府との間でまとめた時に発した「これでいい正月を迎えられます」という言葉尻を捉えて、県民を裏切ってよくも高楊枝な発言をしたなという風ななじりをして悪印象を県民に刷り込みました。

こういうキャンペーンをしつこく繰り返されるとご本人がいくら気丈でも周辺の人々が報道テロに気圧される事になります。

ここは、一致団結して知事を守ろうとなれば県連も少しは絵になりそうなものを、それどころかとばっちりを恐れるかのようにたちまち委縮してしまうようになりました。

県内くまなく睨みを利かす新聞、はりめぐらされた圧力人脈、我が物顔で威圧するプロ市民グループ、こういうふうに並べながら私が思い浮かべたのは、荒れた学校の風景です。そこでは、教師も手を焼く不良グループがいて絶対的には、少数でありながら圧倒的多数を恐怖で支配するという無法がまかり通っています。

これと仕組みは全く同じです。こういう連中が民主主義や人権や表現の自由を振り回し自分達左翼に不都合な人物を排斥し政治を破壊しようとする情景はもうほとんど精神病理の世界です。

その幼児性、幼弱性にはとてもお付き合いが出来ません。

一般市民は、善良でおとなしい故、左翼にとっては羊のような扱いです。逆に市民にとって左翼は、それこそ狼の様なもので自分が噛みつかれないことが第一です。

社会には色々な悪があると思いますが、左翼のそれが第一等に悪質なのは、彼らにその自覚がなくむしろ自分達を理想へ向かうフロンティアの旗手だという思い込みをしている点にあります。こういう絶対的独善からくる自覚の無い悪は、他者への無制限の暴力を肯定することになります。

これが近年にはじまった傾向ならまだしも、戦後何十年も続くと聞いて私はびっくりを通り越して呆れるばかりです。

この狼達の中心がいわゆる団塊の世代ということなのですが、この世代が完全引退をするようになれば日本はましになると言われていますが、私には別の思いがあります。

社会の健全を考えるなら、積極的な狼狩りを行う必要があると私は思います。

「狼狩り」の必要性

彼らは、他を圧迫する、攻撃することが本質です。ですが狩られる側になると、免疫がないので対応さえままならないでしょう。つまり実は、強面の側面にもろさを抱えているのです。公徳心が復活し、愛ある社会の連帯が広がれば、彼らは窒息してしまうことになるでしょう。負の情念が彼らのエネルギーだからです。

こういう左翼連中の事を沖縄の保守同志は、キチガイ活動家と呼んでいます。誤解のないよう念の為、漢字で表すと基地外活動家です。読者の中には、「気○い」と思った方がいるかも知れません。気持ちは分かりますが、ここは押えて〝基地外〟とお読み下さい。その基地外活動勢力に圧迫されっ放しで保守は小さくなっています。

仲井眞前知事は、本来なら一番の味方となるべき自民党県連が全然防波堤の役目をしてくれないのを目の当たりにして、さぞ複雑なお気持ちになった事でしょう。

二期八年の目覚ましい実績、例えば入域観光客の記録的増加、失業率の大幅な低下、学力向上による全国最下位脱出。

更に選挙キャンペーン用ではない実効性のある経済政策の策定。これは、沖縄二十一世紀ビジョンと呼ばれ、政府の国策と連動するもので従来の政府の開発してあげましょう的なものではなく、これによって日本経済底上げを成し遂げようという国家プロジェクト的なものです。

それは、ポスト中国にして対中国経済政策的な意味合いを持ち、これからの東南アジアの経済発展を取り込もうという結構壮大な内容のものです。歴代知事の一番弱い所である経済政策をその強みとするような仲井眞氏ならではのものでした。

それらを全く等閑するかのような、新聞マスコミの事前選挙ムードづくりには、仲井眞氏も実績第一人者である事もあって本当に閉口された事でしょう。政治家が実績を選挙に問われないとする扱われ方は、どうにもやり切れない事だったでしょう。

そういう状況に置かれた仲井眞知事を励まそうという企画が、ある県議を中心に持ち上がり私もその準備委員会に呼ばれました。それは平成二十六年三月二十一日頃のことです。メンバーはボランティアの方々ばかりでやはりそこには、既成の保守政治組織の姿はありませんでした。

議題は市民集会をどういう風に開催するかとなり、連日仲井眞知事をいじめる議会に示《じ》威《い》する意味で県庁前広場で行う事になりました。

開催時期については慎重に様子を見て余裕を置いて四月に行おうといったんは決まりかけました。ですが、私はそれは早ければ早い程いいのではないでしょうかと再提案をしました。

理由はご本人の身になって考えるとやはりそれは早い方がいいに決まっているわけで、議会でいじめられている最中の方がより癒しの効果は高いのです。終わって後で励まされても喜びは小さいもので、知事を支えるという主旨なら拙速を貴ぶべきではと私は主張したのです。集会も既成の政党組織、自民党県連が主体とならないのなら、ここは市民運動的に盛り上げましょうとなり、太鼓まで持ち出しての景気のいいものになりました。

私も弁士として指名されたので、登壇し特設台の上で仲井眞知事ガンバレの演説をさせて頂きました。参加者は三百名程のもので大きな規模ではなかったのですが、さすがに県都那覇の中心部である県庁前だったので、それなりの注目を浴びる気持ちのいいものでした。

当初仲井眞氏御本人にも参加して頂こうとしていたのですが、例のマスコミ恐怖症的意見をお持ちの方がいて、騒ぎになってご本人に迷惑が及んでは困るとなって知事参加は見送られました。

しかし、後日のご本人の弁によると「集会があるということを聞いたのだが、呼ばれもしないのに出向くのも変かなと思って行かなかったが、本当は自分も参加したかった。でも私を励ます集会になんで私を呼ばないんだろう」と訝《いぶか》しんでおられたそうです。

しかしこの知事大バッシング嵐の中一体どういう市民が自分を励まそうというのだろう。本当に人は集まるのかね、という関心を持たれた様なのです。

そこは敏腕知事の事、お忍びで実はこっそりお車を目立たぬよう近くによせ車内でじっ

▲仲井眞知事を支援する県庁前集会
仲井眞知事を支援する県庁前集会で熱弁を振るう著者
(平成26年3月21日)

くり様子をうかがっておられたそうです。

登壇の弁舌の中で私は「私達は仲井眞知事を支えなければなりません。知事私達の声をお聞きでしょうか。私達は決して知事を一人にはしません」と声高らかに宣言しました。その後私はその言葉通り仲井眞知事のお側で微力ながらも戦うことになります。

平成二十六年十一月に戦われた沖縄県知事選を私なりの立場から語りたいと思います。私も又知事選挙に身近に携わった一人です。そういう意味では証言者の一人と言えます。

もとより私は、若輩者であり現場で何か大そうな事を言える立場の者ではありませんが、これも時代という事なのでしょうか、結構言いたいことが言えていました。若さの非力にも利点があるわけで、それは、利害得失のしがらみがないという事です。つまり見たまま聞いたまま感じたままの事をそのまま表しても影響の範囲が狭いので発言の自由度は高かったのです。

そういう私の見聞はフィルター無しのレポートとも言えます。この私のレポートが沖縄の現状を全国の皆様にお伝えするものになれば望外の喜びです。

やはり沖縄と本土は、社会の在り方が現在においても変わらぬ違いがあり特色と言えば特色なのですが、相互理解に齟齬をきたしてはならないので私がその疎通の一助となる存在になればと思います。

ですので、この調子で左翼、保守、安全保障、沖縄、中国、選挙、マスコミ、琉球、沖縄戦、米軍基地その他を網羅してない交ぜにしその渾然の相乗反応の中に発光する——未来を照らす——カクテル光線を掲げてみたいと思います。

仲井眞知事を励ます市民集会の後、程なくして私は、氏の後援会入りをします。後援会を預かる方から連絡があったのです。

厳しい状況の中、新しい時代に対応する体制を模索していたようなのです。

例えば、年々広がる無党派層、これは選挙の結果を直接に左右する存在となっていながらその取り込み法については全くの手つかずで、若者層対策に至っては、発想が浮かばず、インターネット活用は業者に丸投げを予定している様子でした。

その改善の為に役立つようにとの要求が私に課されました。私の事を過大評価されていたのかも知れません。

人材不足は立場によっては全面のチャンスとなるわけで、私などはその恩恵を未だ受け続けています。申し訳なさ半分、有難さ半分の心境です。

仲井眞弘多後援会にスタッフとして所属した私は、早速私なりの情勢分析を示しました。多分に書生論的なものであったと思いますが、その後の展開に照らせば大筋を外れるものではありませんでした。

仲井眞氏が三選を目指す意向を正式に表明したのは、八月七日です。これを公にするまでには関係者各方面との折衝その他複雑な要素の調整がいくつもあったことでしょう。仲井眞知事の二期目の任期満了が近づくにつれ保守側の候補について、続投かチェンジかの関心は高まっていました。

しかし、こういう問題はかなりデリケートなものを含むもののようで公の場ではあからさまに口にはできない雰囲気があります。

こういう時にこそ実は、水面下で色々な工作がなされるものです。

翁長氏の反体制反政府的言動が、誰の目にも明らかになる前までは次の知事は翁長氏、仲井眞知事の後釜は翁長那覇市長、それで間違いなしとするのが衆目の一致するところでした。

又、それは両者のこれまでの関係や翁長氏の政治家としての力量、キャリア、実績、更には年齢差までもが順当性を示していました。仲井眞氏が、二期目の知事選に挑む際の選対本部長を当時の翁長那覇市長は務め、首尾よく当選を決めています。それは平成二十二年十二月のことです。

これは、見方によっては仲井眞氏から翁長氏への次期知事禅譲を示唆、予想させるものと言ってよいでしょう。

ところが、両者の間の不協和音が表面化するようになります。ある識者は平成二十五年四月に仲井眞知事が琉球大学教授高良倉吉氏を副知事に任命したことを両者対立の原因の一つとして私に解説して下さったことがあります。

仲井眞氏が後継者変更のサインを出したと見るべきと言うのです。

どうしてこの期に及んでこのような事をしたのでしょうという私の問いにその識者は、次の様な理由が考えられると語ってくれました。

結論から言うと、仲井眞氏が一連の言動から翁長氏の政治家としての真意に疑念を抱き、危険な物を感じて方針を変更したと考えられるというのです。

その翁長氏の言動というのは、誰もが首をひねらざるを得ないあからさまな反日反米親中ぶりです。

例によってこういう左翼に不都合な県内情報は、一切地元新聞は報じません。これは偏向という生やさしいものではなく、言論統制と言うべきです。

翁長氏には一般市民向けの表面的クリーンなイメージがありますが、実はよからぬ噂、ダークな批評も多くいくつもの客観的事実がその方向を指し示しています。これについては、又後述したいと思います。

仲井眞氏が三選出馬の意向を表明した以上革新左翼側は、これを受けて立ち上がらなければならないはずですが従来とは動きが異なるものがありました。毎回の県知事選挙は、保革の一騎打ちという形が通常で、その態勢づくりは早い方がより有利な展開が望めるので両陣営ともその態勢づくりには熱心でした。

ところが今回の革新陣営には、そのような熱が感じられないのです。

確かに革新側には、いわゆる玉にいいのがいないという評がありました。これは彼らの全体的な地盤沈下、退潮の証であり、人材も不足しビッグネーム、スターがいないのです。実は、盛んに見える沖縄でも左翼はその求心力を大幅に低下させています。とは言っても決してそれは保守側の支持の高さを意味するものではありません。

国民自体が主体性を失ってきているので、どちらの側の主義主張にも関心を向ける事がないだけなのです。一国の国民に政治意識がないというのは、決していい事ではありません。アジア動乱が起きかねない国際状況においては特にそうです。

現代的ノンポリとは、亡国的ノンポリとも言うべきものでしょう。国民お互い同士が連帯しようにもその為の共通基盤が無いので連帯ができないのです。これは日本国憲法による国民解体の進捗です。

その為北朝鮮に少なからずの日本人が拉致されているというのに、事件の規模の大きさの割には世論の盛り上がりに欠けるものがあるのです。

日頃政府自民党や、米国に対しては事ある毎にヒステリックに反応するマスコミ、文化人、学者がこれに実に冷静なのはどういう訳でしょう。むしろ冷淡といった方がふさわしいでしょう。

私は、別に愚痴をこぼしたいのではありません。こういう細かいともすれば見過ごしてしまうようなところに本質は、表れていると思うのです。

今国民は何にどう反応するのかを見てみると、それはマスコミが提供するものに反応するというのが現実ではないでしょうか。与えられては反応する。この繰り返しで何にどう反応するべきかまでテレビ画面や新聞紙面の向う側の指示を受けています。

主体が無いのでテレビに登場する、したり顔のキャスター、コメンテーターと称する人々に誘導されるままになっているのです。

ここ沖縄の政治問題についても、何に関心を向けどう考え反応するべきかを新聞テレビは事細かに県民に指示を与えています。

これは、広義の洗脳というべきもので県民は与えられる特定のものに反応するように条件づけられています。

主体に抑圧がかけられ理念ではなく、情念に反応しやすくなっていると言ってもいいと思います。嫉妬、反感、劣等感、あるいは憎しみ、こういった精神の負の部分に正義、大義名分を与え、カタルシスの気持ちよさを大衆に覚えさせることで条件化し、左翼マスコミが選び設定する社会問題に反応させる、この繰り返しが行われていると私達は考えなければなりません。

在沖米軍についてこの手法は、徹底されています。

米軍兵士の事件事故は、針小棒大に扱われる反面その善行はほとんど報じられません。人命救助をしても報じられず、その逆に米兵不祥事はまさに天の恵みであるかの様に誇大報道に熱を入れます。

その為誰が見ても、奇妙な感じを受けるような新聞紙面ができたりします。例えば米軍兵士の酒気帯び運転が検挙されれば結構大きな記事になるのに、県民の飲酒運転検挙はベタ記事となっていたり、あるいは米軍車両の接触事故が県民のひき逃げよりも大きな写真入り記事となっていたりします。

とに角米軍は、悪というイメージ作りです。さすがにある日の記事には、失笑がもれるものがありました。その記事は米軍トラックと観光バスのミラー接触事故についてのものですがミラー同士が触れたというとても事故とは呼べないものを、さも一大事のごとく写真を入れてのあおり記事になっていました。

閉じられた情報空間、偏った言論空間の中で恣意的に作られる県民世論、その下で行わ

▲地元二紙が載せない米兵善行ニュース
沖縄警察署が海兵隊犯罪捜査官に感謝状を授与し、海兵隊憲兵隊が沖東交通グループの日頃の尽力に感謝状を贈呈し、沖縄と海兵隊が地域の安全確保に気づいてきた現行のパートナーシップを実証しました。（平成27年3月18日）

れる沖縄の選挙が如何に歪なものであるのかが分かろうと言うものです。そういうわけで私達は、遠く報道のみで伝わる沖縄の選挙が本当の沖縄を映すものではないと本土の皆様に知って頂きたいのです。

ここまで来るとさすがに沖縄のイメージについて大幅な修正、変更が必要だとおおくの方が思うことでしょう。県民自身も同様に『琉球新報』『沖縄タイムス』の報道の在り方に疑いを持つ方がかなり増えてきましたが、なかなか全体の意識が変わるに至っていません。

ウソの発信源が新聞という大きな局で、受け取って疑問を持つのは個々人となると対称性が成り立たずフィードバックが表れにくいのです。

朝日新聞の慰安婦捏造報道は、誰が見ても史上最大規模の悪質デマなのですからバレた瞬間には会社は潰れなければならないハズですが、未だ朝日は健在であわよくばこのまま責任をうやむやにして済ませましょうとしています。世界に日本の悪評をデマをもって永遠に刷り込もうとする悪行に国民の側に断固たる声のまとまりがないのはやはり理由のある事なのです。

ですからここで私が言いたいのは、本土の一部の方々から上がる沖縄に対しての批判は、そういう意味でピント外れが否めないということです。

例えば韓国の反日運動にしてもその実像は、私達が思わされているのとはかなり様相が異なると思います。つまり国家の成り立ちに反日という下地が空気としてある為、韓国内の反体制勢力が闘争手段として用いる反日ウソに普通の韓国人の誰もが反論の声を上げづらく、ウソの流通が野放しになるのです。左翼の国境を越えた金科玉条、「嘘も百回言えば真実になる」とはそういう事なのです。

村田春樹氏は、講演の中で韓国の反日に対抗せざるを得ないのだけれども、結局日韓対立で得をするのは北朝鮮と左翼なのだからやりきれない気持ちになってしまうと仰っています。やはり、分かる人は分かっておられるのです。

社会の不健全さを示すバロメーター

そういう意味では、〝ウソのはびこり具合〟は、社会の不健全さを示すバロメーターと言えます。

こういった事情をご理解頂ければ、沖縄批判の中の大きな一つである親中派翁長氏や琉球独立を工作する沖縄社会大衆党参議院議員糸数慶子氏、社民党衆議院議員照屋寛徳氏に支持を与え当選させる沖縄を理解できない、不幸のどん底に陥れようとしている連中を何故当選させるのだという批判のトーンも少しは下げて頂けると思います。

有体を象徴的に言えば、マスコミが世論を作りマスコミが選挙を実質的に主宰しているということでしょう。

これは、何も沖縄だけの事ではなく広く日本全体にいえることであり、沖縄にその傾向が地理的その他の理由により強く出ているというのが実態に近い言い方でしょう。

三選に挑む仲井眞氏もさすがに沖縄の新聞マスコミのやり方には辟易し、何と県議会本会議の場で「私はある特定の団体のコマーシャルペーパーである沖縄の新聞は読まない」と発言しています。

左翼連中は、こういう気骨ある人物を徹底して嫌います。先述した石原元都知事はその典型で何度潰そうとしたか知れません。消耗戦も又左翼の得意とするところです。なりふり構わない、しつこい、低級な言いがかりそのものであり、それは、常識人にはとても付き合いきれるものではありません。しかし石原氏も武士です。応戦する石原氏と新聞マスコミとのやりとりをまとめて本にする企画は面白いのではないでしょうか。

仲井眞氏は本当に沖縄の新聞マスコミに嫌われました。これ程、左翼の憎しみを一身に集めた人物も少ないことでしょう。しかしこれが逆に氏の正しさ、強さを証明しています。

『琉球新報』『沖縄タイムス』に批判されない保守の政治家は信ずるに足りません。まして、受けがいいとなるとこれはもう疑いを持った方がいいのかも知れません。

ある現職の沖縄の国会議員は、「私は沖縄の新聞は批判されるところもあるが、決して左翼であるとは思わない」と発言しています。発言の場が新聞紙上なのですから、はじめから芝居じみているわけで、一体この方は新聞に何を期待しているのかと不思議な気持ちになります。

このように仲井眞氏は早々と落選ターゲットに指定されたのですが、一方の翁長氏の方には立候補についてはっきりとした言動が見られませんでした。

仲井眞氏三選出馬表明の後、県民の目は翁長氏の動静に注がれました。しかしどうも新聞を含め反対陣営が静かなのです。

ここで私達は又、左翼の生態についてその原則を学ぶことの大切を知ります。彼らが静かな時それは危険な展開の前触れなのです。これはつまり戦略の策定、戦術の確認を通しての作戦立案とその準備なのです。

事実ある期間を置いて、その後事態は、急速な展開をするようになります。

そのことを私なりにまとめてみたいのですが、その前に翁長氏の人物について私達は考察を深める必要があります。先述した類型によって分析し洞察をしてみようという手法の実践です。

まず、翁長氏立候補の動機です。もちろん知事になる為なのですが、それだけでは単なる政治家の出世欲の話となってしまい面白くありません。第一近年の、一連の政治劇の説明が全くつかないのです。

では類型でこのテーマを考えてみましょう。政治家、あるいは政治そのものに不可解な動き、現象がある時私達はよほど注意して目を大きく見開いていなくてはなりません。政治家やマスコミは、社会を舞台にして世を欺くマジシャンのような事をする場合がある事を忘れてはなりません。

日々の暮らしの中でいつも主役でいるつもりの国民は、いわば堅気ですが、社会を運営する側の方々はかなりの知恵者でありまして、本当のところはいつも日の当たらないところにあるのです。そこまで言う私は、斜に構えすぎでしょうか。自分ではそう思いません。素直に見ているだけです。

沖縄県知事・翁長雄志氏の野望

翁長氏の経歴を見ると昭和六十年に那覇市議会議員意当選した事が政治家としてのキャ

リアの始まりです。

その後市議を通算二期七年務め、平成四年に県議会議員に転進し、キャリアを積み上げていきます。

そして、県議二期目に那覇市長選に打って出て見事那覇市長の座を革新側から奪取しています。

又自民党沖縄県連の幹事長といった要職も経験済みであり、もう県内で重職と言えば知事しかないというキャリアの人でした。

翁長氏は、政治家の家系の人です。父君の助静氏は、真和志村長を務めた方で、兄の助裕氏は県議から副知事を務め参議院選挙に出馬したこともあります、
要するに翁長氏は、生粋の政治家であり徹頭徹尾政治判断を優先する類型にあると見るべき人物です。その経歴の特徴は、一度も落選したことが無く中央指向の本流にいつもいるというものです。

有力な政治家によくある事ですが、翁長氏にもグレーな面があります。人によっては、黒と決めつける意見もあります。現に那覇市長時代の市政を裁判に訴えられています。現在係争中の案件がいくつもありかなり旗色が悪いようです。その中には、不正経理に関するものがあり、訴えた住民はこれは氷山の一角だと言っています。

過去にも大型の疑惑がありその一つは、ゴミ処理施設那覇・南風原クリーンセンター建設に関するものです。

これは、当時の翁長那覇市長が隣の南風原町に持ち掛けたプロジェクトであり、沖縄県内の事業としては、大型のもの、総事業費一九一億円以上に上るものでした。

県警の捜査により汚職事件として那覇市議が二名、南風原町議が二名業者から一名が逮捕されています。

当然翁長那覇市長にも疑いの目は向けられたと思いますが、それは噂のまま終わることになります。

今一つは、那覇新都心に立つビル、リュークスビルに関するものです。

那覇市庁舎の移転計画に端を発するものなのですが、その経過は実に不自然で結果は、奇怪なものです。こういう行政があり得るのかと誰もがいぶかしく思うに違いありません。

旧市庁舎が老朽化し建て替えが決まりその用地を那覇新都心おもろ町に求めるとしたのは、平成十八年の事です。翁長市長は、庁舎の耐用の限界を熱心に説き、この事案を進めました。そして予定用地の地権者住民と協議し紆余曲折の末に話をまとめます。その場所は、かつての米軍住宅地跡地の一部であり、現在のおもろ町全体が返還地であったのです。

現在の賑わいから容易に想像できる事ですが、当時この場所は、ちょっとした土地ブームとなり那覇旧市街地の狭さから脱し、新しい型のビジネスの展開できる正にフロンティア、文字通りの新開地でした。

ここにまとまった土地を確保するのは容易ではなかったのですが、そこは翁長氏の手腕です。住民説明会を何度か開き説得にかかります。しかし自らは決して前面に出る事はなく担当者を使役しての計画推進です。

住民側は、移転によってもたらされる地域の活性化、経済的波及効果でもって納得をさせられたと言います。もちろん市全体の便益、発展の為ということです。

しかし、地権者住民の合意、所有権移転が済んで後に想像もしなかった展開が始まります。

それは、移転計画の見直しです。用地を確保しながらも移転は中止、従来からの現在地で建て替えるというのです。解体建設中の間は仮庁舎に引っ越し、新庁舎完成後に再引っ越しをする大変更を翁長市長は事も無げに行ったのです。

当然、事の成り行きに納得ゆかない面々が問題として取り上げ翁長氏に詰め寄ることになります。思うに氏は、こういう局面にとても強いのでしょう。彼は、表面の柔和なイメージとは裏腹に芯の固いしたたかさがその本質にあると見るべきでしょう。

計画の見直し、変更について翁長市長は次の様に理由づけしたそうです。

建て替え計画の発端は、建築物としての耐用限度を過ぎていて時間的猶予はないというものであったが、建物を再検査してみるとまだまだ余裕のある事が分かった。よってあわてて新所に移転する必要などなく、仮庁舎に移り現在の場所に建て替えて支障がないというものです。なるほど理屈はあっていて論理にどこも破綻はないようなのですが大きな問題が発生するのです。

それは、確保予定地をどうするのかと言うことです、翁長市長の次に行った決定に、那覇市民は憤慨しました。その土地を民間開発業者に売却するとしたからです。

理由は、新庁舎建設によって膨らむ市予算会計を売却益によって改善するとしました。ここも又、そつがありません。

しかし、次の展開はさすがに住民側の訴訟に発展しました。というのも那覇市は住宅地評価で民間開発業者に転売しながら、転売後、地目変更を行ったのです。地目変更だけで民間開発業者は大きな利益を得る事になりました。宅地の値段で購入し商業地の値段で売れるからです。その差額だけで約五十億円はあると言われています。

元の地権者住民には、到底納得がいくものではありません。これでは、市に騙されたと感ずるのも無理はありません。市の行う説明もかなりいい加減なものであったそうです。ご興当然便宜供与したような翁長那覇市長と民間開発業者との関係に目は向けられます。

味おありの方はネットを検索されると良いでしょう。

その後市民グループが氏に抗議を続けるのですが、徒労に終わります。一部の市民は、新聞を活用し翁長市長を非難する記事をいくつも掲載発表しています。

地元左翼新聞にしても保守の有力政治家を叩くいい材料であるわけで、都合が良かったのだろうと思います。

しかしそれも平成二十一年ごろには、そういう記事も見えなくなります。その時期に地元新聞と翁長氏の接近を感じるのは私だけではないでしょう。いずれかの時点で両者の思惑、利害は一致し重なって行ったのは間違いないことです。

今見た例で分かる通り翁長氏の強みは、その政治的開き直りです。これはその後の政治スタンス大変更以降常態化します。従来からの氏に対するイメージを引きずる方には、豹変にうつるかも知れませんが、翁長氏の本質に何ら変わりはありません。

平成二十六年九月十日いよいよ翁長氏は立候補を正式表明します。それまでの間、関係方面との調整に水面下で本当にいそがしい思いをした事でしょう。何と共産党まで味方につけています。もちろん共産党もしたたかです。この取引はバーゲンに近く、小選挙区沖縄第一区になんと全国で珍しく共産党代議士が当選しています。那覇新市長も同様です。

この方はかなり有能なのでしょう。左翼マスコミ応援の下、虚構の「オール沖縄」体制を偽装し県民の目をあざむく事に成功します。

翁長氏にとっても計算の狂いはあったと思います。

彼の予定では、仲井眞氏の三選出馬はなく、スムーズに知事の座は自分のものになるはずでした。並び得る人物は、保革両陣営どちらにもいないのは、ご本人が一番良く知っていました。

それでも例外が一人いました。それが現職仲井眞知事であったのです。危機管理意識に優れた翁長氏は一度も落選した事がないが故に選挙に負けることを恐れる気持ちは人一倍強いでしょう。

それは、本当に正しいと思います。ここでも又、類型思考が役に立ちます。氏は全くの職業政治家であり、この状況、この立場で落選する事の意味がよく分かっていたのです。

まるで衣替えするかのように保守カラーを投げうち、それによって従来の保守層の信頼を裏切り、自ら宣言する虚構の「オール沖縄」というカテゴリー以外のどこにも分類不可の政治的立場に立った職業政治家翁長氏は、万が一落選した場合には、その全てを一挙に失うということが痛い程に分かるのです。九月十日の立候補表明は、そういう背景を背負っての事だったのです。類型論によればこういう時こういう政治家は、必ず保険をかけます。どういう保険でしょうか。

それは第三の有力候補者の擁立です。もちろん保守の方でなければならないし、地盤も大票田たる県都那覇市の方でなければなりません。

翁長氏の頭の中の選挙計算ソフトは、実に的確に作動するプラグマティズム型で、今回は自己の必勝ではなく対抗馬仲井眞氏の必敗を設計するように稼働しました。

計算プログラムはこうです。選挙で動く票は、革新側の分は自分が総取りにするのは予定として問題は保守層の部分です。状況がこうなってはさしもの選挙巧者翁長氏でもよく読めないところがあったのでしょう。そこはやはり不安です。何せ正しく見れば、保守本流集団から配下を率いてとはいえ身一つで反対側に寝返るようなものです。結果を見ないまでは、大冒険に違いないのです。

その冒険を安全の内に行う為に打つ手が先程の条件を満たす第三の人物、下地幹郎氏の立候補であったのです。おそらくは、というよりも間違いなくそういう構図であったに違いありません。そう推察した方が物事の平仄《ひょうそく》が合うのです。

広く社会を舞台にした出来事は、自然発生的に、行き当たり的に進むものは無いと考えるのがより正しい答えに近づける方法論です。

下地氏の選挙主張もそれを裏付けます。氏のそれは、翁長、仲井眞両氏の中間的な事、つまり仲井眞氏に吸収されそうな層の取り込みにつながるものなのです。下地氏の掲げる、普天間基地辺野古移設の是非は、県民投票を実施して決めるというのは、一見政策主張の様に見えても実は立候補する為の理由づくりに過ぎません。

氏の立候補は、確実に仲井眞保守票を削るものになる事は、分かりきったことです。

それをあえて行う氏の料簡には、かつて氏もバリバリの自民党政治家であった事を考えると複雑な思いを抱く方も多いはずです。

どのみち仲井眞氏三選の可能性を閉ざしたメインキャストの一人が下地幹郎氏である事に間違いないわけで、その政治スタンスから言ってとうてい保守とは呼べず、まだお若いといえるこの方の立ち居振る舞いはそれによって、その将来を暗示するものとなりそうです。

以上から下地氏は、翁長陣営が放った刺客であると結論したほうが良さそうです。得票数から見てもこの考えは裏付けられています。

翁長氏が仲井眞氏に約九万票差の大差をつけて大勝したと言われますが、それは一騎打ちの場合にそう言えるのであって分裂、乱立の場合は評価の仕方を変えるべきはずが、知りながら気づかぬ振りで翁長氏大勝と喧伝しているのです。今一度得票数を確認しましょう。

仲井眞氏261076票、翁長氏360820票、下地氏69447票、喜納氏782

１票。

この内、仲井眞氏と下地氏の票は全くの保守票ですから両方を足せば、３３０５２３票となり、翁長氏との票は３０２９７票差に収まります。これは、通常の保革一騎打ち選挙の票差に収まります。しかも新聞による連日の情報操作、世論誘導を考慮すれば、下地氏が不出馬ならむしろ勝者は仲井眞氏の方であったとするのが道理でしょう。

そういうと、当然色んな方面から疑問符サインが出る事でしょうが私は気にしません。私には自由な立場でより自由な意見を述べる役割があると思うからです。

政治は、決定的な場面、あるいは本当の事が表には出ない性質をもった世界です。ですから証拠をもとにしての議論など出来ないのです。私達一般市民にできる事は、残された状況証拠や客観状勢からより正しい方法論で真実に迫る事です。疑問符をまだお持ちの方がいらっしゃいますね。ではこれはどうでしょう。社会にとって真実とは何でしょうか。私はそれは社会に現れる事実、そしてそれが展開する現実こそが社会的真実であると一応便宜的にそうしておいた方が、よほど進行中の現象の理解の役に立つと思います。

それは、政治は結果責任だと言われる事に一脈通ずるものであると思います。

現実は、真実の所在より展開する現象事実によって左右決定されます。行動の伴わない理念、表に現れない気持ちなどは、現実社会では無いと同じことでしょう。

革新左翼と翁長氏が展開した騒動は、そういう手法を用いないと、全く見当のはっきりつけられない印象論的意見に終始してしまうでしょう。

彼らが仕掛けた罠によって、沖縄そして日本全体に危機が迫っている以上私達も物の見方をハイパー化して対応する必要があるのです。

そうする事によって隠された糸も明らかなものとなるでしょう。要は想像力の翼を大きく広げより高所から翁長氏を見ましょうという事です。その手法は、取り上げる事柄同士にお互いを説明してもらうといういわば意味の相互補完法です。その当否はともかく、思考は前へ進むことにはなるでしょう。まずは氏の隠し持つグランドデザインをつかむ事です。元になる設計図が必ずあるはずです。なぜか、それは氏の行動力の見せるキレの良さとその反対の発する言葉の曖昧さです。対比の鮮やかさは見れば分かります。現実をグランドデザインの方向に引っ張ってゆこうとするが故なのです。

では、ご一緒に推論を続けましょう。

翁長氏を非難する方のほとんどは、翁長氏の事を知事になる為には何でもする男、手段を選ばない男と評しますが、私にはそういう捉え方はどうしても短絡にすぎると思うのです。たしかに本人は公の場でそう発言していますが、手段を選ばない人物は、けっしてその事を広言などしません。これは予防線的発言なのです。これから行う破天荒な言動のニセの事前説明であり、本心をゴマかす為のものです。ですから、ここはやはり人物としての翁長氏に見合うストーリーを考えなければならないでしょう。氏の言動の極端な変わりようと数々の策士としての実績を納得させる裏のグランドデザインを暴かないことにはどうにも気が済まないと言うものです。

まず、思考の出発点を固めましょう。

氏は生え抜きの自民党員であり選挙上手は定評です。そして、県連の要職をすべて経験し他も含めてキャリアは十二分にあります。もちろん常に保守本流にあり、かつては普天間基地辺野古移設の旗振り役、推進者でありました。又、常に次の展開に備えてあらかじめ布石を忘れない先見性も備えています。

のんびりとした田舎県沖縄にあってこの有能さなら、ナンバー１の実力者になるのは成行きの当然でしょう。

実際氏の実力のお世話になっている政治家、財界人、役人、実業家その他はそれこそ沢山います。あの国会議員もあの市長もあの会長も今の地位は、翁長氏との関わりの中で得たものです。お蔭をこうむっているわけです。当人に有能さがあるのは間違いないことではありますが。第一線に立って活躍するには、お互いを活用するコラボをした方がいいのは分野に違いはありません。社会の発展は分業によってもたらされるのです。対翁長選挙が盛り上がらないのもそういう観点に立てば仕方がないと言えます。

逆に氏から見れば、俺にたてつくとは、恩知らずもいいところだという感じでしょう。翁長氏に対抗しなければならない側には大変気まずい思いをしている方々がとても多いのです。原則論的批判、一般論的翁長氏批判に徹している方々は皆そういう範疇の人間です。とてもとても踏み込んだ批難などできない相談なのです。

氏の政治家としての特性を見ると、まず有権者市民への人あたりの良さ、ソフトでクリーンなイメージ、各業界人に対しては押しの強さと頼りになる人物イメージ、同業者に対しては、硬軟和戦両様を自在に行う策士というところでしょう。政治家としての資質のバランスは沖縄県下として優等そのものでしょう。数少ない弱点としては大衆受けするカリスマ性の薄さと、やや怒りっぽいところでしょう。実利に長けた人間タイプは、どうしても魂を揺さ振るカリスマ性に欠けるきらいがあります。

報道されない沖縄の真実と中国の狙い

さて、その翁長氏の政治家人生に大転換をもたらしたもの、それは、大躍進中国との出会いです。出会いと言っても、それは本人から見た場合であって、中国からすれば対外工作の一つです。翁長氏はその工作の術中にあると私は見ます。

多くの方がそう言っていますが、新味がないので私がバラエティワイドショー的ですが、解明の大鉈を振るってみましょう。孫子の国・中国は、「謀略」がその国技です。

中国は、人間各々が持つ利欲のベクトルのハッキリしている事が国文化の国です。その中国対外工作活動が今世界中の迷惑となっています。いわゆるシノフォビアです。

海洋覇権国家を目指すその中国が東シナ海の沖縄に何の工作もしていないというのはあり得ない話で、遠い地球の裏側の様な南米やアフリカ大陸で盛んな進出を行っている様子を見るだけで、沖縄工作の種類が分かろうと言うものです。

それは、沖縄の保守政治家の取り込みです。翁長氏は平成十七年に名誉福州市民の称号を贈られています。翁長氏は中国の方から見れば保守本流の政治家であり、だからこそ価値があるのであって、それに比べたら革新政治家などは本当に安いものでしょう。

敵中のしかも中枢に仕掛ける謀略とは、一体どんなものでしょうか。

ハニートラップ、金銭スキャンダル等は、古典的とはいえ、今もこれは主流かもしれません。しかし策士翁長氏レベルになるとこれだけでは不足すぎます。きっかけに用いられたかも知りませんが、中国と翁長氏に敬意を表しもっと高度なより壮麗な謀略策を想定して差し上げないとここは失礼というものです。

習近平氏がメジャーになる前の地方時代、例えば、福建省長の頃から、翁長氏は現在の中国国家主席と面識交流の可能性があると言われています。これは、恵隆之介氏が指摘されるところです。その何れかの時期に翁長氏は、中国に取り込まれていると考えられます。と言っても私は、情報収集分析官でもないので特別な情報はありませんが、中国という国と翁長氏の人物の本質を知れば一応事足りるとしてお話を進めてゆきます。

中国は、沖縄侵略の方策として沖縄の歴史に目をつけ日本本土と沖縄の分断を企図する事にしました。その際、只日本政府に対する反発心を利用するだけでは弱すぎるのは明白です。そこで沖縄側に明るく壮大な夢を見させる事にしました。それは、近年の躍進著しい中国の発展繁栄です。きっと翁長氏とその親派御一行は国賓待遇で大歓待を受けたに違いありません。

そこで見たものは、現代中国の巨大さです。可能性の巨大さです。何れ間違いなく、アメリカをすべての面で追い抜き更に大発展するというビジョンです。直ぐの隣国中国が世界の中心になる確信を刷り込まれたのです。それだけではなく、共に沖縄もその道を歩める、歩もうという優しい親身あふれるお誘いがあったのです。次期中国国家主席があるいは要人が直に発する肉声は民主主義国家の平民としての翁長氏にとってどういう響きになったのでしょう。推して知るべしです。

実際に視察したであろう中国の経済ダイナミズムは、よほどの人物でない限り圧倒されずには済まないものでしょう。あの上海の摩天楼、ビルの乱立、そしてあくなき経済活動に邁進する人、人、人、人の群れ。

更にダメ押しの夜の（？）の歓待攻勢。こりゃたまらんの法悦を深く味わったのかも知れません。別のいくつもの御一行参加者から中国の熱烈歓迎ぶりを聞かせてもらったことがあります。悠久の歴史の内に幾多の英雄、豪傑を生み、飲み込んだ中国社会のダイナミズム、今一人南海の小英雄を幻惑する事など赤子の手をひねるようなものだったことでしょう。

翁長氏に持ち掛けられたお話は、次のようなものだったに違いありません。それは、小国共同体日本にとどまってはならない。尖閣諸島海底大資源は沖縄の発展にこそ使われるべきであり、中国はこれを支持する。それにはまずは一国二制度。うちの香港だってそうです。見習って下さい。大繁栄しています。大和人に一泡ふかせる大チャンス、まずは自己決定権に琉球独立論、先住民族論、米軍基地反対の運動の盛り上がりで本土政府を追い詰めよう。裏からの応援は任せて欲しい。などなどこれをやられては、知恵に勝って哲学のない策士なら翁長氏ならずとも術中に陥ってしまうでしょう。

実際、日中国交回復友好開始以来、日本の大物政治家が何人も中国のエージェントになり果て、中にはその自覚さえないような方のいる事を考えれば、今の私の翁長氏中国エージェント説は類論の中でも空飛なものではなく、決してアベレージを超えるものではありません。

では、話をいくつか裏付けて見ましょう。アメリカや中国への対応はどうでしょうか。氏が県知事就任直後にまず初めにやった事は何と在沖米軍トップである米海兵隊司令官ウィスラー中将への表敬訪問です。地元左翼新聞は、新知事のキャンプフォスター訪問を紙面報道していません。電子版で共同通信記事引用として伝えています。一般県民の目に触れる事はないでしょう。実質的な報道スルーです。意外ですが事実です。こういうところが実は重要なのです。アメリカの警戒心を和らげる目的でしょう。この辺が実に氏のあざといところです。

中国に対する対応は、その格別な所を氏も隠せません。氏が中国とつながりがあるとされなければ説明がつかない事が多すぎるのです。

那覇市内の龍の柱建設は、中国属領化シンボル作りとして有名です。観光資源づくりというのは見え透いた嘘であり、それなら沖縄のシンボルであるシーサー像を建てるべきです。米軍基地反対の為に米国や国連に行き世界にアピールしたのに、中国のナンバー2・

李克強《リー・クーチアン》首相と面会して尖閣問題は一切口にしていません。

同盟国アメリカへは、禁じ手を使うような堂々たるクレーム外交を行い、県土尖閣諸島を侵略しようとしている中国には親善ムードで接する、これはどう見ても異様です。この事を記者会見でなぜかと問われて、国家間の事を一地方の知事が言及できるものではないと答えているのは、さすがに自己矛盾の露呈です。これはもう完全な開き直りです。

氏のアメリカ直訴は、交渉が目的ではありません。世界に沖縄問題がある事をアピールするパフォーマンスなのです。二十年前に当時の太田知事もクレーム外交を行い無駄に終わっています。交渉ができる余地など無いのは初めから分かり切った事ではないですか。

次は氏の発言姿勢です。那覇市長当時から態度が大きすぎ強すぎなのです。例えば、オスプレイ反対東京行動日比谷大会では、もし政府が配備の撤回をしないなら在沖米軍基地の全面閉鎖もあり得るとヤクザ並みの恫喝をしています。一体何様のつもりかと言えば品がないので、ここは一体どういう立場にあるんでしょうかにしましょう。

ここで私達が気づかなければならないのは、そのデカい態度の由来です。類型論によれば、政治家は発言する時、自分の後ろ盾以上の事は言えないとなっています。地方県の一市長が日米両政府を補助金や振興策をもらう立場で恫喝できるとすれば、それは県民の温かい声援などではあり得なく、強勢中国の後押し以外には考えられないのです。

あと、他にも裏付け的なものはありますが、とに角断片的なものの見方では、本質に迫れません。部分の総和は決して全体を表すものにはならないと思います。

この事を結論としてまとめると、翁長氏のグランドデザインは、沖縄を一国二制度的な自治州にしようとするものでしょう。道州制を導入しての沖縄州の構想もこれに連関するものかも知れません。もちろんその先には、中国による沖縄併合が待っており、自治区化されることは、まず免《まぬか》れませんが、もちろんこの事は翁長知事・沖縄側には伏せられています。

翁長氏の豹変には当時一貫した説明のつけられるものはありませんでした。そこでいろんな珍説が生まれる事になります。

その代表に翁長氏トロイの木馬説がありました。

この説によって、かつての移設の推進当事者であった氏の変わり身の矛盾を説明できると言うのです。何と氏は自民党本部と密約を結び辺野古移設絶対反対の意志を偽装しているというのです。そして裏で自民党執行部と連絡を取り合い、反対運動の先頭に立ってこれを主導し、政府が強引に作ったんだから仕方ないの結末に持ってゆこうと言う筋書きを演じているのだそうです。

要は左翼県民衆愚をなるたけ混乱の少ない様に誘導し辺野古移設問題をハードランディング型解決にもってゆこうというミッションを翁長氏が政府から請け負っているという説です。

もしこれが本当ならそれはそれで一つの面白い策とも言え、高度なインテリジェンスが魅力的です。

今考えるとそれは、荒唐無稽の見本のようなものとなりましたが、当時は選挙の熱気にあおられ、まことしやかに語られたものです。

特に社会的な影響力のある方がそう言い始めたものですから一時は、かなりこの説で盛り上がったものです。

ある方々というのは、例えば元沖縄県知事太田昌秀氏、民主党元参議院議員スーパースター喜納昌吉氏、更にインテリゲンチャであられる経済評論家植草一秀氏などです。他にも結構な知名士がいました。

太田氏の場合、かつての県議時代の翁長氏に対し県議会で追及された時の恨みがまだあるのか「アイツは信用ならん、根は自民党員じゃないか」というかなり悪感情も入り混じったものだったそうです。

重要なのは、喜納氏と植草氏です。お二人は主張の重なりで共鳴したのか、選挙前哨戦の最中に植草氏がこの為にわざわざ来沖し、那覇市の中心部にある会場でシンポジウムを開きます。その主張は翁長氏と比べればはるかに明快です。二人は口を揃えて、そして口をきわめて、もし本当に翁長氏が移設を阻止する気があるなら、何故仲井眞知事の行った埋め立て承認の取り消しを公約としないのかと言いたてるのです。一番肝腎な、阻止に絶対不可欠な部分をすっぽり抜かすとは何事かという事なのです。

話の筋としては、全くその通りでしたが、オール沖縄連合はこれを一切無視、あるいは、抑圧することにしたようです。

結局喜納氏は、これを納得できないとして立候補する事になります。

喜納氏という沖縄の芸能を代表するエンターテイナーの知事選出馬によって、更にこの選挙劇はバラエティに富んだものになりました。氏の存在は、そのキャラクターによって評価の色々別れるところがあります。ある種のトリックスターである事に間違いなく、氏の名言「全ての武器を楽器に」はファンを大いに喜ばせたものです。

氏の核心をつく発言は、他にもあって、「オール沖縄の顔ぶれに答えはある、この選挙は土木利権選挙だ、俺はこれを許さない」と壇上で堂々と宣言したりもしました。その姿はいっそすがすがしく、よほどこの人の方が政治家らしく見えたものです。

しかし、正論はそこまでで、他の自論、沖縄に北朝鮮を含む各国の軍隊を駐留させるという氏独特の安全保障の話が続くとさすがに会場もまるで人がいないのではないのかと思う程静かになったそうです。氏は人を引き付ける魅力と、人が引いてしまう特異さの両方をあわせ持つところがあって、やはりスーパースターの名に相応《ふさわ》しい方なのです。

この喜納氏の出馬を革新分裂として大いに喜んだ保守陣営なのですが、氏の得票数が七千と少なかったのは期待外れだったでしょう。

選挙ウォッチャーの中には、これを意外とする方もいました。何故かと問うと、その方の見方では、今回喜納氏の選挙プランナーになったのは、革新左翼側のスターの一人にして高名有能な評を持つ斎藤まさし氏だったのだからこの票は少なすぎると言うのです。

数々の伝説を生み次々と奇手を打つこの方らしくないとの事です。その方の言いたいのは、むしろ斎藤まさし氏の今回のミッションは逆に裏では票が伸びない様、喜納氏が翁長氏の足を引っ張らないようにする事ではなかったのかというものです。

謀略が左翼活動の本質である事を考えるとそれもあり得るかもという気になります。そういう事例が沢山あるのですから。

他にも様々な動きがありました。翁長氏ご本人は「オール沖縄」を事ある毎に主張していましたが、知事選に有力な政治家が四人も出馬し大混戦、大乱戦になっている以上、もうそれは意味を成しません。この「オール沖縄」を含め翁長氏の数々の無軌道ぶりに怒り心頭に達したのが県内市長の方々です。当時県内十一の市の内那覇市と名護市を除く九つは保守系の方が市長です。九人の市長の方々は、「オール沖縄」で基地行政に反対ですという翁長氏の虚構に付き合わされて来たのに我慢がならなくなったのです。

平成二十四年九月の県内自治体首長、県議、市議を大勢引き連れてのオスプレイ配備反対東京行動の際に、これはやりすぎではないのかという声が何人かの市長から上がったのですが、その時翁長氏はどうせ移設は、政府によって実現される事になっているのだから、より多くの予算を政府から引き出す為にも、ここは反対の態度を示しておくべきだと説き伏せています。

それでも翁長氏一流の交渉圧力の中で、はっきりと異を唱えた方がいます。それは、石垣市長中山義隆氏です。氏は沖縄県の保守政治家の中でも際立った存在で、オール沖縄日本左翼と中国から石垣島を守ろうと奮闘中です。

その中山市長の説得には、さすがの翁長氏も手を焼きます。「オール沖縄」に容易には同意しない氏に対し（つまり県外移設派に入らないという事）、玉城義和県議を使役して条件付きでの同意を取り付けます。その条件というのは、確認書の作成です。内容としては、中山氏は辺野古移設を拒否するものではないというものです。これは、辺野古移設も容認するというものであり、「オール沖縄」で反対しますという形をこわすものとなります。この確認書に翁長氏は署名捺印しています。この確認書の存在について翁長氏は、ひたかくしにしていました。

仲井眞氏を応援する九人の市長連は、選挙戦の最中、揃ってこの確認書、、つまり「オール沖縄」は成立していない……の存在を社会に大きくアピールする為、記者会見を開きました。が、案の定沖縄マスコミはこの重大な情報を、重大であるが故に報道しないことにしました。

この様に翁長氏と地元新聞『琉球新報』『沖縄タイムス』は密な連携をとっています。氏のスタンドプレーは地元新聞のバックアップ無しには考えられないものです。逆にそれは新聞の報道の在り方を追ってゆけば翁長氏の本心に辿りつけるということです。

翁長氏を全面支援するこの両新聞には、ある種の闇を感じます。そこには、間違いなく左翼のエキスがあります。いずれ深い分析をする本が出る事になりますが、彼等はもう引き返せないラインを大きく超えており報道機関の命脈は尽きています。その社名、由来、役員、記者の実名は売国奴資料館に収められる事は免れそうにありません。子々孫々にまで汚名がかかるのは不幸ですが自業自得です。

では左翼の類型論で考察を進めましょう。それによって何故彼等が翁長氏を支援するのかが明瞭になります。つまりは、彼等は学んで闘争戦略を組み立て直したのです。もう今までの知事選の戦い方では、保守に勝てないのです。既に知事選は四連敗しておりこの先も黒星は続くと見ました。県下十一の市長も名護市を除いて全て保守系となりこの先良い展望は開けない状況でありました。

そこで学び直し古典的手法である民主連合政府作戦を思い出したのです。ロシア革命でも成功したアレです。左翼イデオロギーはやはり世界共通してのアレルゲンである事に変りなく、大衆は嫌悪、拒否の反応を示します。現代沖縄もそうです。

そこで考え出したのが中間体の創設です。「オール沖縄」の事です。翁長氏が叫ぶが如く声高に言う「イデオロギーよりもアイデンティティ」は左翼お得意のレトリックです。大学で消費者心理学を学んだ時、これは大衆を煽動するデマゴギーの一種ではないのかという疑念がありましたが、あの時の私の勘は正しかったと今ではそう思います。

この「イデオロギーよりアイデンティティ」という文言は様々な含意に富んだもので長く歴史に残るものになると思います。悪徳商法のキャッチコピーに通ずるものを感じます。これを発案した方は、あまりのグッドアイディアに自ら感心したのでしょうが、これは出来過ぎというもので陰謀の正体を明かしてしまう証拠となっている事にまでは気付かなかったようです。

つまり翁長氏は左翼側のトロイの木馬なのです。「イデオロギーよりもアイデンティティ、これからオール沖縄で行こう」というのは、革新の三文政治家が言っても猿芝居の始りかなとしか誰も思いませんが、そこは知能指数の高さを誇る左翼です。保守のエースにこれを言わせる事にしたのです。

よってこれは中国、オール左翼、翁長氏一派の壮大なコラボレーションであることがその始りです。

これによって県政を保守陣営から奪取する事が実現できたのです。翁長政権は、革命を下心に内蔵する民主連合政府の亜種であると結論づけましょう。

実はこの方式がほとんど唯一彼らの成功パターンであると言えます。彼らは学んだと言いましたが、直接的にはそれは平成二十一年の民主党鳩山政権誕生に由来しています。

当時の国民は当初民主党に誰も左翼の影を見たものはいませんでした。しかし、実体はその後の民主党政権を見れば明らかです。

ここでポイントは、鳩山氏の存在です。保守名門鳩山家のイメージを利用しての民主党中心による民主連合政府の成立だったのです。菅直人氏や仙石氏ではその役に立ちません。

革新政治家はやはり値が安いのです。このひそみに習った翁長県政誕生であったわけで、鳩山氏の役割を再現したのが翁長氏です。

しかし物事は繰り返しです。歴史は繰り返しの中にあります。この役目を果たした政治家は確実にある末路を辿ることになっています。策士は頭が良い故にこれに気付きません。策士策に溺れるという事だけは策士とされる人物の本質的欠陥でしょう。

この様に私達は翁長氏の行動があるグランドデザインに基づくものである事を理解しました。個々の断片的事実を情報としてつなぎ合わせば、そこに真実が浮かび上がります。つなぎ合わせる際に大事なのは有機的にそれを行うということです。

左翼の本質は、唯物論に立脚し科学的合理性を旨とするところにあるとされていると思うのですが、肝心の唯物論が何にも担保されていないので現実の方を歪める事になります。

この矛盾を目の当たりにしても気づかないのはどういうわけでしょう。これは別の心理学的考察が理解の為に必要です。結局不合理に立脚した合理の追及は世の中に迷惑千万なグロテスクを披露する事になります。

いずれにしても不合理な合理性に着眼すれば、彼らの行動、戦略、戦術の先読みが出来て便利です。

かつて私は、名護市の市民集会で、「沖縄の新聞は県民の敵です」と宣言しました。今では多くの方々が賛同して下さることでしょう。有権者に革新候補者に不都合な事は一切伝えない、そして保守政治家の不利になる事は捏造してでも報道する、こういう事を平気でやる地元新聞こそは、県民を衆愚として扱っている張本人です。

こういう不正選挙そのものの中、仲井眞氏が頼みとする自民党沖縄県連は、一体どうこれらと戦っていたのでしょうか。

私は、私なりの立場でこれを知っています。

私は、仲井眞後援会から出向という形で選対本部に詰めることになりました。割り当てられた仕事は、主にマスコミ対策と仲井眞氏の随行です。よく移動の車に同乗させて頂きました。

そういう事もあり、私は身近で仲井眞氏の人となりを知る事のできる機会を得させて頂いたのです。そこで知ったのは、氏の実像です。緊迫する場面の連続する毎日です。古人の言う「人いずくんぞ隠さんや」です。

マスコミの伝えたい氏のイメージは、傲慢で頑迷な政治家というものでしたが、実像は全く違います。私ごときがこう言うのは不遜な事ですが、あまりに腹立たしいので発言させて頂くと、仲井眞先生こそは、沖縄県民の恩人であり独自の哲学を持って仕事に臨む有能の士と呼ぶにふさわしいお方です。

お忙しい中、私まで可愛がって下さいました。

何より私が嬉しく思ったのは、仲井眞先生が時折見せるチャーミングな一面です。先生は、実は甘いものがお好きで移動の車中では、よくご一緒にお菓子を頂いたものです。特にラスクがお好みで鞄にあらかじめ準備されており、やおら取り出されてはニコッと「あなたもお食べなさい」と言って下さるのでした。そして二人してボリボリ、パリパリと頬張ったのは本当にいい思い出となりました。一度や二度の事ではありません。現職知事と仲良し気分でお菓子を頂き、更にはウィットに富んだお話や機密めいたお話まで伺えて本当に私は、幸運であったと思います。機会を与えて下さった方々に感謝するばかりです。

選対事務所入りした私が、直ぐに気づいたのは、盛り上がりの無さです。私などは選挙の素人であり歴戦の先生方の指揮振りを楽しみにしていたところもあって、これは本当に拍子抜けでした。劣勢を挽回する逆転ドラマを期待していた私は、嫌な予感を感じることになりました。

私は自分の立場でできる有効な手を色々提言しそのいくつかは実行できたのですが、何と間もなくそれに妨害としか思えない様な横やりが入るような事態になりました。

▲前知事仲井眞弘多氏と我那覇真子ツーショット
新聞報道にはこの様な和やかな表情の保守政治家の写真は使われる事はない。

どうもある思惑がからんでいるとしか思えなくなるのは、私だけの事ではないでしょう。それでも正論を主張する私は、多くの関係者にとって都合の良くない存在となっていった様でした。

結局私の担当したメルマガ、ビラ、チラシなどは途中で取りやめとなり、仲井眞知事随行も外され、票に結びつくことができなくなった私は街宣に繰り出す事になりました。

那覇市内を中心に行ったのですが、とても良い反応を毎回得る事ができました。

有権者市民に直接働きかけるこのスタイルは、私自身とても勉強になりました。スピーチとは違う醍醐味がそこにあり、創造的なものを感じたのです。

県連のやる気の無さ、士気の低さは何も私だけが言っているのではなく、ほとんどの人が言う事で、私の様に口にする者があまりいないだけで、内輪では私等比べものにならないくらいに口を極めて批判する方も多いのです。

それにしても不思議な光景ではありました。しかし、これにしてもちゃんと裏のある事でしょう。断片的な事は私も色々聞きました。ここでは、二つの点を挙げてみたいと思います。

まず、県連の保守政治家のマスコミに対する事なかれ主義の姿勢です。毎日反仲井眞キャンペーンのデマビラが県下全戸に毎朝、新聞という形で配られているようなものなのです。これに黙っているようでは、これは能力の問題ではなく別の資質の問題ではないのかと思います。

ありきたりの論評では、何の理解にもなりません。ここは、根本的なところに目を向けなければなりません。つまりは、県民性のことです。どう考えても公の精神に不足があるとしか思えません。これは戦後日本全体に共通するものかもしれませんが、当地の場合、連帯心が足りないというよりも一丸となってまとまる事自体が大仕事の様です。

それにしても県民から政治を預かる立場に志願しておきながら、自らの県の行末を決める様な選挙に、よく他人感覚のままでいられるものだなという思いを強く持ちました。

政治家本人達が市民の為、子供たちの明るい未来の為と絶叫してまでも支持を訴えておきながら当選した後には、本人が一番本人の公約を忘れているとは、ほとんどジョークの類ではないでしょうか。

これでは、有権者も無党派どころか、無関心派が大半を占めるのも無理はありません。県連のこのあまりの消極さに、ある疑念が保守支持市民の間から生じてくるのも無理はありません。

それは、自民党沖縄県連と地元左翼二紙との間に何らかの協定があるのではないのかと言うものです。新聞の同調圧力や報道テロを恐れるという単純なものではなく、ある種の取り決めのようなものです。そう考えると色々と符合することが出てくるのです。もちろんその形は定型のものとは限る必要はなく、色んな形の縛りを想定する事が出来ます。

こういう状況下の選挙である事を考えると当時の仲井眞氏のご苦労が忍ばれるというものです。

開票後すぐの敗戦の知らせを聞いてご本人は、「マスコミにやられた」との第一声を発せられたと言います。私としては、これに先述のものを加えたいと思います。左翼新聞と活動家は選挙が終わった後も仲井眞氏に対する迫害を続けました。任期満了までの間に、仲井眞氏が辺野古埋立て関係の仕事を進めるのを妨害する為です。しかし、氏はこういう妨害に音を上げるような柔な人物ではありません。「やめろ」という声など何のその、氏は短期間に重要案件をどんどん決裁してゆきます。

いよいよ仲井眞氏退任の日となった十二月九日、活動家たちが公職最後のいじめに県庁舎内に入り込み抗議の大騒ぎを起こしました。知事退任式を邪魔する為です。一体廻りの方々は何をやっていたのでしょう。私達もお花を準備していた退任式は予定を変更し、庁舎の小部屋でごく少人数の関係者で執り行われる事になりました。恒例の県庁職員、一般参加者による盛大なお見送りは妨害によって中止となったのです。

最大の功労者が石もて追われる様に去ってゆく――何とも悲しい話です。そして、県民として恥ずかしい話です。

この様にして地元左翼新聞『琉球新報』『沖縄タイムス』は、又一人保守の有為の政治家を葬る事に成功しました。歴代知事の中でも最優等な人物であられたと私ならずとも評される方です。お一人で知事何人分ものお仕事をされた訳ですから、県民の恩人です。それを公約破りの裏切り者、県政史上最大の汚点という汚名を着せて尚、落選を手を叩いて喜ぶ、沖縄の新聞人、学者、市民団体、労働組合員とは一体どういう種類の人間たちでしょうか。人格が卑しいというだけでは説明不足です。

これは、左翼思想とその精神そのものに由来する病理現象と理解するべきもので、健全な社会にとって極めて危険な種を宿していると見なければなりません。

歴史にそれは明らかです。理想社会建設の美名の下、共産主義革命の犠牲にされた罪なき人々の数は、それこそ億人に届くあるいはそれを超えるオーダーです。その人々は死んだのではなく、一方的に革命の巨大な歯車によってすりつぶされるように殺されているのです。私達が教科書的に教えられた歴史は明らかに真実を伝えていません。

沖縄戦についても、愛国心をもって一命を捧げた方々に犬死、捨石などと天を恐れぬ暴言を平然と叶く神経を持つ人々、これが左翼人の本性です。やはり人の内には、天、神、仏と言った人智を超えた存在が必要なのでしょう。

これを欠く人間は、獣以上に恐ろしいと歴史は膨大な犠牲者をもって語らしめています。私達真正保守が心に誓って彼らから日本を守ろうと言う決心の由来はこれに尽きます。ともあれ、現実は引き返す事なく前へ進み続けます。それがどこへ向かうのか、その可能性を探るのは、興味深い事です。

その中でも地元二紙の行末は普通に考えればまさしく末期行です。近年における二紙の在り方はもうほとんど自殺ものでした。もう引き返すことはできません。しかし、私達はここで論理を飛躍させて実態を捉え、正しい認識に至らなければなりません。これ程の自傷行為は、よほどの必要に迫られてのものに違いなく、ダメージは覚悟の上であると見ましょう。彼等には、至上命令があるに違いないのです。それに値するものと言えば、それは革命以外にありません。「琉球独立という沖縄革命解放区を作る」これが真の目的です。

琉球独立達成後には日本国民であった沖縄県民は瞬時にして人民となるので、その時には偏向報道だの、捏造だのと言ったクレームは問題にもなりません。まとめてすりつぶすので、現在の新聞の受ける悪評によるダメージなどものの数ではないのです。

あからさまな表現になりましたが、分かる人はとっくに分かっています。理屈よりも事実の生むイメージの方が分かりやすいものです。

例えば中国軍事予算を二十倍以上に膨張、第一列島（沖縄列島）線突破計画、習近平と翁長氏の面識交流、属領シンボル龍の巨柱二本建設（那覇市）、翁長氏李克強首相面会時の尖閣不問、尖閣体当たり中国船長無罪放免、単なる輸送機オスプレイの配備絶対反対、普天間移設危険性除去絶対反対、与那国島自衛隊レーダー配備絶対反対、宮古島自衛隊配備絶対反対、下地島飛行場軍事利用絶対反対、琉球独立学会設立（県内）東アジア共同体沖縄那覇事務所、基地反対辺野古テント村全部他所者、辺野古基地前座り込み全部他所者辺野古埋立て妨害カヌー隊全部他所者、防衛力整備安保法制絶対反対、沖縄二紙の百田氏発言絶対許さん、参議院糸数慶子氏沖縄被差別先住少数民族国連発言、翁長知事沖縄人権被差別発言、オール沖縄づくり、沖縄の自己決定権、中国の沖縄土地買収活動、中国沖縄直行便就航、中国人ビザ大幅緩和——ランダムに羅列しましたが、これで大体のイメージは浮かび上がってくると思います。それは、中国による沖縄併呑です。その間には色んな勢力や人々の思惑がある事でしょうが、しかし、この方向へ進むことになれば、結局は中国的混沌にすべて飲み込まれるでしょう。

今回の沖縄県知事選挙が従来のものとは本質的に異なるものであることが読者の皆さまにもこれでお分かり頂けると思います。

私達は、この様な事態に対して決して悲観的になるものではありません。むしろこれをチャンスと考えています。その事にもふれてゆきましょう。

第3章

左翼と沖縄

沖縄における左翼活動の歴史

左翼は、戦後間もない頃からずっと沖縄でも闘争を続けてきましたが、その影響には、計り知れないものがあると思います。

私達真正保守の戦いというのは、左翼の呪縛からどう沖縄を取り戻そうかと言うもので、正しくは対左翼沖縄解放運動と呼ぶべきものだと思います。

左翼の社会闘争原理に対立の持ち込みというものがあります。この観点で左翼運動を見ると分かりやすいものがあります。

例えば資本家と労働者、男と女、大人と子供、社会と個人それぞれの間に対立関係となるような解釈を構築します。抑圧と被抑圧が定番です。一方を加害者、もう一方を被害者に仕立て上げます。そして、そそのかしたり、あおったりして火の無い所にまず煙を上げます。

次はマッチポンプです。自分で火をつけて消火に見せかけガソリンをかける、この繰り返しでずっと沖縄県そして日本全体をひっかき廻してきました。

見方によっては、戦後史とは特に政治の面において言えばほとんど左翼の活動史と言ってもいいのではないでしょうか。

幸い大火事の惨事――つまり共産革命に至る事はありませんでした。これは日本人の民度が高く、革命の炎に対して日本社会の難燃性が高かったからです。

彼ら左翼が沖縄に持ち込んだのは日本本土との対立です。もちろん沖縄が被抑圧者で本土が抑圧者です。

彼らが差別という言葉をよく用いるのは理由のある事でこの言葉は、使って実に便利なのです。差別と言えば、「差別する者」「される者」がすぐさま対置され、対立という構図が自動的に出来上がるのです。

この言葉にははじめから対立、闘争に結び付くものが内包されています。これに限らず彼らはほとんど言葉いじりに終始しているようです。出発点に実体がないからそうなるのです。

沖縄に仕掛けた彼らの対立のワナについて、ここで考えてみましょう。私は沖縄戦後史の専門家ではないので大まかな概略という事になりますが、その方が学術的な細部にとらわれず大胆な推断ができる利点があります。と言うのも、物事をいくつも同時に並べると必ず相矛盾し合おうとするので、これらを一本にまとめようとすると、微分の繰り返しとなって近似値に向かって精緻にはなっていっても、その引き換えに全体が見えなくなってしまうのです。

それは丁度カメラで最大ズームにした時、たしかに細部が明瞭になっても全体のどこなのかが不明となる現象に近いものがあります。左翼にとって何故沖縄が重要なのかを理解する為には、まず沖縄が地政学上の要衝であることを押さえなければなりません。

沖縄本島を中心にして、列島は中国大陸沿岸を遠巻きに包むように並走してあります。中心島沖縄は、又東アジアの主要都市を開いた扇のようにカバーしていてハブ的な距離位置にあります。これは、基地を集積した時、最大効率を望める事を意味します。

更に中国大陸と沖縄間のシーレーンは、東アジアの海上大動脈であり、日中韓の死命を制する海でもあります。

加えて地形上の優位性が沖縄にはあります。これは私の伯父が独自に指摘するもので、あまり識者も指摘しない事です。それは何故沖縄にアジア有数の米空軍嘉手納基地があるのかの理由です。

その地形上の理由とは、沖縄中南部にはあまり高い山がないという事です。なだらかな高台という中部の地形は航空機の進入自由度を大きく高めます。

特に普天間飛行場の場合、標高が七十五ｍもあるというのが実は強みで、万が一津波が沖縄に押し寄せて来た時の事を想定するとそれが良く分かります。つまり主要港湾と海寄り空港の多くが機能を喪失する事が予想され、島嶼県沖縄県の交通が外部と遮断される恐れが大なのです。この時、高台飛行場普天間の存在がどれ程重要になるのかは容易に想像できます。おそらく、多くの人命の行方が左右されると思います。何も軍事だけの問題ではないのです。

又、沖縄の位置的重要性は、抑止される側の中国から見てみると理解が深まります。大陸の方から逆に見ると、朝鮮半島に至る黄海から東シナ海にまたがる海を沖縄列島がまるで大陸を柵で囲うかのように連なっています。中国にしてみれば海洋進出、海洋覇権確立の最大障害であることでしょう。

以上の事は、革命を目指す左翼にとっても重要できっと沖縄は戦略重要地域に指定されている事でしょう。これと北海道の左翼地盤傾向は、軸を一にするものであり『北海道新聞』という左翼寡占紙があるのは、彼らの戦略方針によるものでしょう。北と南をそれぞれ旧ソ連、中共と結びつけると符号するものが多く浮かび上がる事でしょう。おそらく北海道、沖縄は優先解放予定区であったに違いありません。

左翼は、沖縄を日本本土から切り離す為に沖縄戦を徹底的に利用する事にしました。当時はまだ記憶も生々しい沖縄戦の悲惨さを最大限にアピールし、県民に戦争アレルギーを植えつけ平和絶対の聖域づくりを完成します。

平和運動に反対するものはいないので、工作初期に邪魔の入るスキはありません。聖域づくりが成功すると今度は、そこを拠点に出撃し色んな分野に侵蝕を開始します。

彼らの運動組織は、労組が主体で公務員労働組合などが全盛でした。更にその上には、これらを統括する中枢組織が表にあまり出ないよう、目立たぬようにしながら運動を指揮していた事は間違いないでしょう。

彼らに橋頭保を築かれると大変な迷惑を受ける事になります。組織の乗っ取りはお得意ですが、そこが又嫌悪され敬遠されるところでもあります。

彼らの作った聖域はいくつもあり、人権、自由、平等などがあり、最近とみに主張しているのが自己決定権なるものです。

この自己決定権をもって本土沖縄間の分断の切り札をしようとして今様々な工作に余念がありません。

絶対平和を聖域にして学校教育の現場に入り込んだ彼らは、反日のイデオロギーを刷り込み沖縄の教育を破壊しました。

あらゆる機会を利用して、沖縄は日本本土の捨石にされた戦争犠牲者であり今なお米軍基地を押し付けられる差別の中にあるという事を県民に吹き込んだのです。

学校教育で反日イデオロギー、毎日の報道の中でこれらのアピール、左翼プロ市民活動家による反日反米のデモ活動とオルグ、これが七十年近くも続くとさすがに左翼自身も県民も精神に変調をきたそうというものです。

今、沖縄にある反体制マインド、平和ボケ、無党派ノンポリ、反本土感情は全て戦後に左翼が植えつけたもので、これによる沖縄社会の損失には計り知れないものがあると思います。

左翼活動がもたらした重大な罪

特に教育の立ち遅れは、沖縄社会の発展にとんでもない障害を残しています。

こういう風に少し見ただけでも、如何に左翼というものが健全な社会にとって有害であるのかが分かります。普遍的に彼らは精神衛生上良くない存在なのです。彼らの本質は、歴史や伝統、道徳に対し憎悪の情念を抱く態度を見て分かる通り反文明精神なのです。

沖縄もとんだ迷惑をこうむったものです。

私達が危惧するのはこういった事によって、ステレオタイプ的な沖縄観を本土の皆さまが抱いてしまう事です。

そうなる事によって左翼の工作は、ますます完成に向かってゆきます。それはとりもなおさず、反本土、反沖縄の相互反復による対立感情のエスカレートとなり左翼工作の進展となります。そんな手に乗ってはならないと私は思います。仕掛けられた左翼のワナは、そういったものですが、彼らには予想もできなかった計算狂いが実はあるのです。

それは、沖縄の地で左翼は致命傷を負う事になると言う予定調和です。

沖縄が後進県であるが故に面白いように事が運び、左翼は得意な気持ちもあるでしょう。そして沖縄の県民性を、思わず見下し何て単純でお人好しな連中なんだと思っている事でしょう。それもそのはず、特徴として左翼は平均的知能指数が高くそれを誇りにあるいは自慢気にするところがあり、類型的にどうしても優越感に浸ろうというキャラクターが多々なのですから。

では、唯物左翼の侵入経路を見てみましょう。日本はどのようにパラサイトされたのでしょうか。ヒントは近代です。

明治以来の近代合理主義も日本化されなければなりませんが、これは上手く行かなかった様に思われます。分解酵素があまり働いていなかったのです。文化分解酵素の出どころは当然土着性にありますが、その土着性が埋もれたままになっているからです。

私の話は、他からヒントを得たものばかりで、これも渡部昇一先生のご指摘ですが、その原因は明治の廃物毀釈に由来します。これは本来の日本らしくないということなのです。神と仏が同居すること、同居しても不都合ないという柔軟性が日本の本質なのです。神仏の世界も和でなければならないのが日本精神というわけです。

近代化を急ぐあまり、一方だけで良いとしたのが唯物思想侵入の下地となったのです。これが我が国の強みであったのに後世に禍根を残すものになりました。日本人が和をこわしては、まずいでしょう。まさしく仏罰ではありませんか。現代日本の宗教のあり方は、少なくとも聖徳太子以来の伝統に外れています。

明治以降の日本人は、日本的宇宙観の中心から離れているのです。これが日本混迷の本質です。かなり偉そうな事を言っていますが、多分に受け売りです。

さて日本回復はこれからすると土着性の解放と発揮にあることが分かります。いくら愛国を掲げてもそれはイデオロギーに他ならず、日本の本質である柔軟に結びつきません。つまり国粋主義に向かう他なくなります。ここは、弥生的な論理ではなく、縄文的な感性の出番です。

今、広く日本を見渡しても色濃い縄文性を有しているのは沖縄に決まっています。左翼が見下す程の後進県です。縄文色がたっぷりな証拠です。つまり沖縄県は日本の中にあって周回遅れのトップランナーなのです。日本人の心の奥底に眠る縄文の魂がやがて沖縄のそれに共鳴し喜びと共に目覚める日は近いでしょう。

既にその方法論もいくつか仲間と考案中です。まだ公開は先です。だって左翼の方も今これを読んでいます。そうあなたの事です。先の楽しみとしていて下さい。

転換を迫られている左翼の「新戦術」

沖縄における左翼の戦術活動は、近年になって大きな転換を迫られています。盛んに見える彼らも本土と同じく退潮モードはどうしようもなく、新聞テレビの捏造を含む極端な偏向報道という全面的なバックアップがなければもう、その存続が維持できない状況にあります。

そういう意味では、私達は彼らの見苦しい悪あがきに付き合わされているようなものです。

それは、県知事選挙や名護市長選挙の勝敗を見ると明かです。

移設を前提に普天間基地の返還が日米の間で合意されたのが平成八年、それを受けて移設の是非を問う住民投票が行われたのが平成九年でした。

住民投票には公職選挙法が適用されないので、反対派のなりふりかまわない手段——つまり通常なら完全に選挙違反になる——によって小差で賛成派は負けました。

しかし、その直後に当時の名護市長比嘉鉄也氏が受け入れを表明して辞職します。そして急遽市長選が行われる事になりましたが、賛成派の推す候補が移設絶対反対を叫ぶ候補を破っています。

結局その後移設地名護市の市長選は、都合三回連続、県知事選挙も四回連続移設推進、あるいは容認の保守が反対絶叫革新候補に対し勝利を収めているのです。変調の始まりは、例のあの鳩山民主党の乱にあるのです。日本中央では、もう終息した「一度は民主党にやらせて見よう」シンドロームですが、そこから発生した政治的、社会的混乱の余波が沖縄ではまだ、続いているのです。

選挙が民意と言うのなら、とっくに移設についての答えは出ているわけで、知事選なら四期十六年後にやっと勝って今回だけが民意ですと言われてもそれは理不尽と言うものです。

本当に歪な精神衛生の悪い思いをするのは、全くの迷惑です。保守の復権とは、こういう左翼と徹底に対峙してこれを防遏しその影響力を排除することに他ならないと思います。

内実では闘争エネルギーの枯渇に苦悩する左翼が運動の延命の為に沖縄で打つ一手が、琉球独立運動です。その運動ルーツはかなり古いのですが、実に細々としたものでした。

これを一挙にリニューアルしたのが昨今の琉球独立運動です。その意図は斜陽企業の社業挽回とほとんど同じです。果たしてうまくいくのかどうか。左翼の身になって考えると彼らの苦境が分かります。現況では只でさえ社業、ではなく運動衰退のモード著しいと言うのに、順調に普天間基地が返還されそれに連動する形で米軍基地の統合縮小が進むと大変困る事になるのです。

何故ならまず第一に、目に見える形で米軍基地が眼前にあるからこそ反対運動もできると言うものでしょう。

人里少ない北部のしかも既存の基地内に移設されては反対運動の盛り上げようがないのです。彼らの得意な、好きなパフォーマンスが出来なくなってしまうのです。その心機は暴走族のそれと同じです。彼らは人影少ない郊外の国道を移動中の時には大概大人しい走りをしています。ところが、一端市街地に入ろうものなら、例のあの爆音轟かせるパフォーマンスに入ります。

これと左翼活動家は同じなのです。識者の多くが左翼の言動に幼児性を見るというのは、心理の深層において暴走族と同じ心機を有しているからに他なりません。

そんなもったいぶった言い方より、両者共通の反社会性を指摘するだけで事足りるかも知れません。

第二にロードマップ通りの基地行政が進み普天間基地が無くなると目に見える経済の変動が起こります。これは当事者周辺にとっては経済ショックそのものとなります。普天間の場合軍用地の地代が年間約50億円と言われ、これだけの現金収入が閉ざされるとさすがに、地域にとっては大きな経済的痛手となるでしょう。

このことについて左翼は何の痛痒も感じる事はないでしょう。人民の現実的な痛みなど社会そのものを救済しようとする格好いい彼らにとって瑣末なことです。そういう感性の人達です。

しかし発生する被害によって非難の矛先が自分達に向かうのは嫌なのです。幼児性故に責任を嫌悪する身勝手さが彼等にはあります。

第三に移設による情勢変更です。移設は辺野古区にとってかつての基地による村おこしの再現です。現代のそれが昔と違うのは負担に対する政府の見返り政策です。基地所在の自治体に経済的支援をさせて頂きますというものです。地域特別振興策、基地周辺整備資金等名目はいくつもあります。

辺野古区民が移設に賛成といっても、あくまでも条件付きですとするのは、この為です。

さて事が順調に進むとどういうことになるのか、左翼はそれが良く分かっているのです。分かっているが故に、結果的に全体としての基地が連関して大幅に減るにもかかわらず絶対反対を叫ぶのです。

長年に亘って基地撤去を主張してきた彼らの行動に照らすとこれは矛盾です。この矛盾を指摘する声の少なさはどういうことでしょう。運動の論理矛盾を晒すように見える左翼ですが、実はのっぴきならない事情があったのです。

つまり移設によって政府に協力する辺野古は栄えるのに対し、逆に基地反対左翼に支持を与え返還が実現した宜野湾市普天間は（結果として）経済衰退することになります。この対比は沖縄県民すべての目に鮮やかに映《うつ》ることでしょう。

このままでは左翼運動の欺瞞性が天下に晒されることになります。これを契機に県民は、革新左翼に見切りをつける事になるでしょう。裏に隠した真の目的である米海兵隊撤退は達成されず、基地は機能強化されて存続し左翼だけが退場させられる図はどうしても受け入れられるものではありません。そうは言っても、安倍政権は日本を守るという強い信念の下、強力に辺野古移設を進めていきます。これが実現した時、沖縄の左翼（と言っても実体は本土からのオール日本左翼ですが）は、大きく力を失ってしまいます。いよいよ日本左翼の牙城の一つが陥落するのです。

こういう状況にある左翼が次なる闘争材料にする為に利用しようとするのが琉球独立運動なのです。

現下の琉球独立運動について、その成り立ちと経緯については、〝沖縄対策本部〟のレポートをインターネットや Youtube などを参照して頂くと色々と情報が得られます。

沖縄の琉球独立運動は自作自演する芝居なのです。しかし、そうは言っても本土の皆様にとっては大変気になるところだと思います。

沖縄県で琉球独立論に賛意を持つのは全体の中でごく一部です。どういう人達が賛意を示しているのかというとそれは、別に政治的なものではありません。意見を聞くと何かと理屈をつけるのですが、結局は、反本土感情がその根本にあることがすぐに分かります。

それらには、正当なものは実はありません。その本土日本に対する反感は、学校教師に植えつけられたものばかりです。

明治の廃藩置県によって琉球国が滅ぼされて以来沖縄は日本本土に虐げられているというデマを左翼教師に吹き込まれ、悪影響を受けた県民はかなりいます。

このデマと地方が中央、都会にもつ劣等感そして多分に個人的な劣等感とが重なって反本土感情が形成されているのが実態と考えてもよいでしょう。ですから案ずるには及びません。

それは一九六〇年代の祖国日本復帰運動に示した沖縄県民の熱気、熱狂と比べるとよく分かる話なのです。当時の沖縄の祖国復帰運動は現在の偽装平和団体が主導演出する、島ぐるみ反基地闘争などとは比較を絶してエネルギーが桁違いに大きいものでした。

そういうわけで県民の間に独立の気運があるというのは、あり得ないデマです。県民の深層心理にそういうマグマは一切ありません。一生懸命これを作ろうという左翼がいるだけです。

端的に言ってもう左翼イデオロギーには何かを生み出す力や、あるいは大衆の情念に火をつけ社会を激動させるような精神の生命力などとっくにないのです。

第4章

私のプロフィール

今の私を育てた父、そして沖縄

ここで少しテーマからそれますが、私自身について語らせていただきます。それによって、なぜ私が現在の活動に至ることになったのか、又、私自身の生い立ちをお伝えすることによって、沖縄県の保守について、皆様にその理解を深めていただける一助になると思います。

私は、沖縄県北部の名護市で生まれ育ちました。両親は自営業を営んでおり、保守的な家庭環境でした。祖先を辿れば、かつての琉球王府に仕える士族であり、廃藩置県以前に北部山原《やんばる》に移り住み、私達の世代で九世代目になります。

私の政治的な基本意識は、保守です。私の場合は、父の影響が一番大きいと言えます。父は、子どもの頃から私に対して、いかに我が国が素晴らしいのかを事ある毎に教えてくれました。歴史、文化、科学技術どれをとっても世界一であり、最高の誇りを感ずるべきであると言うのです。父の考えでは、日本ほどモラルの高い国は他になく、モラル立国という事をもっと前面に出すべきだというのです。それは、日本が国際貢献を考える時、従来のような経済援助一辺倒ではなく、モラル立国という発展モデルを世界に示した方がよいのではというアイディアにつながります。

父が私にこういう愛国教育をしたのは、理由のある事でそれは必要に迫られてのものでした。それは世相や学校教育の悪影響から我が子を守る為です。かつて沖縄県には、左翼教職組合員によるイデオロギー教育の悪弊をこうむった時期があったそうです。父の学校時代にも未だその影響が色濃く残っていたと言います。

私の過ごした小中学校でも時折そういう偏向教育がありました。父は、そういった悪しき害が及ばないようにする為に私に特別講義をしていたのです。父の好きな言い回しで、ゲーテが言ったとされる「信仰を玄関から追い出せば、迷信が裏口から入り込んで来る」を座右の銘に、父は私に愛国心を育んだのです。

私を保守主義に導いた父ではありますが、その父も又、家族や周囲から大きく影響を受けて保守主義者になったと言います。まずその第一は父の父、つまり私の祖父です。祖父は地元名護市の市会議員を務めたことがあり、地域保守政治家連合のメンバーにして、大の革新嫌いであったそうです。言わば私は、直系の保守と言う事になります。

私には、当初から保守政治活動に関わろうという考えがあったわけではありませんが、やはり血は争えないのでしょう。

父は又、渡部昇一先生の比較的初期の著書に大きく感銘を受けたそうです。当時の言論空間は、今よりも左翼の勢いがずっと盛んで、保守の言論陣地を必死に守る渡部昇一先生の言論戦を、父も手に汗握る思いで見ていたそうです。

父はよく言います。今、保守の言論が盛んなのは、渡部先生の功績によるものが大きく、今に保守を自任する方々の多くは、皆大なり小なり〝渡部保守言論〟の流れを引いていて、それはそれは壮大な流れになったのだと。

又、多くの保守人士は、渡部先生の作品のようなものだとも言っています。私の妹も父の古い本棚から一九七七年刊の先生の著書『知的風景の中の女性』を引っ張り出して読み、大きな感銘を受け「私は日本の母性を復古させる運動をする」と立志宣言しました。大変な感化力です。

大きな影響を受けた『西国立志編』

立志と言えば明治の名著『西国立志編』の事に触れない訳にはゆきません。これは明治時代の超ベストセラーと言える本で、著者はイギリス人サミュエル・スマイルズ、ヨーロッパに近代の隆盛をもたらした人物を網羅した大著です。

そこにはいわゆる歴史上の英雄の姿はあまり無く、あくまでも市井《しせい》の地味な努力する人々が描かれています。その中でスマイルズは天道を信じ自らを恃《たの》む者の真っ直ぐ生きる事の素晴らしさをこれでもかこれでもかと説いています。訳者は、幕末の洋学者中村敬宇《けいう》（諱《いみな》：正直《まさなお》）という人物で、その文体の文語調が何とも言えずリズミカルで格調高いのを憶えています。

私は父に強く勧められてこの本を読みました。中学二年生の時の事です。明治の多くの青年に計りしれない程の影響を与えたと言われるこの本を読む機会を得たのは本当に幸せな事であったと思います。私もどれだけ励まされたか分かりません。

原題は、『Self- Help 自助論』と言い、「社会、国家の発展は個人の努力にその元はある」とするテーマです。

この本を私に勧めてくれた父も、愛読する渡部昇一先生の著書の中でその存在を知り、読む機会を得ることができたそうです。父の申すには、渡部昇一先生の著作は、もうそれ自体がレトリックのテキストであり、読むだけでこれが学べる貴重なものなのだそうです。もちろん私も全く同感です。そういう意味では、読者の一人である私も又、渡部昇一先生の作品の端くれであり、大先生の愛国の魂に突き動かされて保守活動に参加しているような気がします。

日本の為に日々保守活動にいそしむ方々は、国を想うという素朴な感情に基づいて、ある志を立てられたと思います。それは、止むに止まれぬ大和魂の発露と言ってもよいでしょう。

そこに至るまでのプロセスは、人様々です。私の場合は、何かの啓示を受けたというような劇的なものではなく、ある意味南国沖縄的なものであったと思います。

FBIエージェント・MASAKO

私の立志の素はテレビドラマ『踊る大捜査線』にあります。小学校高学年の頃に流行ったこのドラマに、私はある感銘を受けました。それは、一言で言えば「正義感の発露」です。

主人公青島刑事は典型的な熱血タイプで、ストーリーは毎回コミカルに展開してゆく軽いノリの作品でした。今振り返れば夢中になっていた当時の幼い自分が懐かしく思えてきますが、社会正義を追求する事の大切さを学んだことは確かです。

こういうテレビドラマや漫画・アニメを、低級、低俗というむきもありますが、私はそうは思いません。何故なら現代日本社会では心の教育というのが公の場でほとんど行われておらず、これらエンターテイメントと呼ばれるものがその代りを果しているからです。現代日本の青少年は、その情操を商業娯楽作品によって育まれているのが実情です。これは結構重要な事ではないでしょうか。日本の将来はテレビドラマ・アニメ・漫画の質にかかっています。

ともあれ私は、青島刑事の影響を受け、将来は警察官になりたいと思うようになりました。しかしその事を父に告げると父は、「日本で女性が警察官になるのなら大体は交通取り締まり専門の婦警さんだな」と、私が落胆するような事を言うではありませんか。

私の夢は、あくまでも街中を飛び回り活躍する正義の味方になる事です。それが市民に違反切符を切るのを職務とするというのでは、まだ社会の仕組みを知らない当時の私には、ちょっとそれは恰好よくない現実だなとなりました。

それでも諦めきれない私が、中学生なりに一生懸命考えた末に出した次案は、ＦＢＩエージェントになるという事でした。これは、自分でもいい夢、目標だなと感心し悦に入ったものでした。より遠い目標、つまり現実味が薄いところが良かったのでしょう。これは私の勉強のモチベーションをかなり高めるものになりました。

両親も又、私のＦＢＩ宣言をとても喜んでくれました。親にしてみれば、子の勉学に対する熱意をかきたてるものになるのなら、とりあえずそれは何でも良く、具体的な進路や職業分野など後々で考えればいいという南国沖縄的に大らかな考えでした。私にとっては本当にありがたい事です。

早朝からの一仕事後に学校へ――真面目なオカッパ頭の中学生

中学時代の私は、毎日を忙しく過ごしていました。家業がお弁当の製造販売なので朝は早く、私も朝五時半には手伝いに入っていました。そうやって一仕事済ませてから登校するのです。私はある面単純です。『西国立志編』を読んだ者の一人として、私も頑張らなくてはという思いを強く持っていたのでした。

その甲斐あって成績は、三年間を大体一番で通しました。又卒業式の時には、小中学校九年間を「無遅刻無欠課無欠席」ということで九ヶ年皆勤を表彰して頂きました。

これだけでも当時の私が超真面目なガリ勉タイプだったということがお分かり頂けるものと思いますが、それだけでなく並の同類の追従を許さない特異な点がありました。それは何だったかと言うと、絶えて久しいヘアースタイル、〝オカッパ頭〟でした。

▲オカッパ頭の著者
不良の先輩方に大好評だった

私のこのヘアースタイルの周囲から浮く様は、個性的という表現ではとても間に合わないものがありました。又、私の周囲の同級生の子達は、多くが可愛いヘアースタイルを競い合うかの様にしていたので、そのコントラストのくっきりさは、他に例えようもない程のものだったと思います。

今思い起こしても私自身想像力を刺激されます。現代の平成の教室に昭和三十年代が一人いたようなものですから。当時の自分の写真を見ると何だか昭和も飛び越えて大正ロマンの香りさえします。

中学時代をそのヘアースタイルで過ごす間には、いろいろなエピソードが私の周りに生まれました。全部取り上げたのならそれこそキリがない程です。いろんな方が色んな反応を見せてくれましたが、一つ発見したものがあります。それは、その反応にその人が表れるという事です。

中でも、意外あるいは面白いと思ったのは不良と呼ばれる人達からの方が受けが結構良かった事です。隙あらば校則を破って茶髪にしようとする彼女たちも私のオカッパ頭には、感心していた様です。何度もカッコイイと声をかけられました。自分達とは、真逆の方向に自分達よりもトンガッテいるのを認めていた様です。私も彼女達の心に素直なものを認めました。不良とはある種の純粋なのではないでしょうか。

進路は中卒、自ら望んだステップアウト

私は中学時代こういう独自路線を歩んでいたのですが、ある日ある時、学校というものそのものに疑問を持つようになりました。何か納得のいかないものを感じていたのです。それを表現するのならそれは、「らしく無い」という言葉になります。つまり「学校が学校らしくない」「生徒が生徒らしくない」「先生が先生らしくない」――そういう事が私にはとても不満だったのです。

例えば、当時の私の考えでは、あくまでも学校は勉強するところであり、遊ぶところではありません。しかしこういう当たり前の事がおろそかにされていて、学ぶ場としての学校が機能していませんでした。

又生徒も生徒ですが、教師も教師で、資質に疑問を持たざるを得ない方が多いと感じさせられました。どうも大人気ない――今思うと未熟としか言いようのない方がかなりいたのです。

そこには信頼関係はなく、教える者と教わる者との間に厳かなる緊張感は望むべくもありませんでした。

水は高きから低きに流れるというのにこれでは学校本来のポテンシャルが生かされず、教えても学んでもつまらないということにならざるを得ません。そういう矛盾は誰の目にも明らかなのに、学校をどうにか良くしようとする動きはありませんでした。教師も生徒も親もそういう本質的な事には触れないでおこうという雰囲気がありありでした。

家の教えと周りの在り方がどうも違う。更に又、『西国立志編』的価値観に照らせば、明らかに〝なっとらん〟という結論になってしまう。そういう周囲との齟齬《そご》が私を苛立たせていました。

当時の私が描いた進路は『西国立志編』的な頑張りで勉学やその他に励み、ＦＢＩエージェントになって、世の為人の為に花々しく活躍するというものだったので、こういう「らしくない」、あるいはシステム的におかしい学校のあり方が本当に嫌になったのです、中学三年の後半になり、いよいよ進路決定という頃になって私は、一つの決心をしていました。それは、高校へは進学しないというものでした。しかしさすがにこれは親にも担任の先生にも言い出しにくく、少しばかり悶々とすることになったのは仕方ありません。

それでも自分の気持ちには逆らえないので、ある時私は思い切って父に「お父さん私は勉強をしたいから高校へは行かなくていい？　大学受験は高認試験で資格がもらえるし、それまでの三年間は家の手伝いをするから」と言いました。はじめビックリしていた父も私の考え、気持ちを改めて聞いて「そうか仕方ないね、でも最終的な結論を出すには早いから、もう少しゆっくり考え、話し合ってみよう」と言ってくれました。

父はとても教育熱心でしたが、決して私達を勉強に追い立てるような事はしませんでした。父の教育についての口癖は、知識や知能はもちろんとても大事だが、それよりも更に知恵と想像力はもっと大事だというものです。ですから私達兄弟は小さな頃から自由な発想、深い思慮をトレーニングされました。

父の自論では、知識や論理は後で学んでも追いつけるが、想像力と知恵の素は幼い脳に宿るもので学習で得られるものではないのだそうです。

この父の教育論は、その後自分自身の成長の中で確かめられた様な気がします。

父は、私の考えに理解を示してくれましたが、まだいくらか不安なところがあると言い、もっと検討を深めようとなりました。

しかし、高校へは行かないというシンプルな答えには変更の加えようがありません。そのうち廻りにこの事が伝わり、伯父や伯母たちが父に「真子は大丈夫なの？　高校へ行かないなんてお父さんあなたもちょっと常識を問われてしまうよ」という風な話になりました。「今の時代いくら何でも中卒ではまずいでしょう」というのは確かに常識的です。

父もあまり常識にとらわれないところがあり、中卒そのものには、問題は無いという考えだったのですが、大学進学までの三年間をどう過ごすのかに気をもんでいる様子でした。

そして、父は考えに考えた末、私にとって素晴らしい提案をしてくれました。それはアメリカ留学です。アメリカと言えば、私の夢ＦＢＩ、もう私は思わず諸手を上げて、お願いしますとなりました。ところがここには、父の深謀がありました。というのもこれは、一年間の国際高校生交換留学制度を活用するもので、前提として参加者は高校生でなければなりません。

結局私は父の目論み通り地元の高校へ行く事になりました。これは、いわば父と私の発展的、建設的妥協ともいうべきもので、父の日頃言う、答えは予定調和的に生み出すものだという事の実践でもありました。

気持ち、やっぱり変わらず高校中退

この様に一旦は高校へ行くことになった私ですが、早めの出発となる様に計画して、通常なら七月になるものを四月に出発することにし、地元高校へは二週間足らずの登校日数で渡米することになりました。十五歳の春のことです。

私は、カリフォルニア州の高校へ配置されましたが、四カ月の事前研修はオハイオ州で受けました。どちらもとても親切なご家庭でホームステイさせて頂き、アメリカの家庭でアメリカ人の子供として過ごす事となりました。

私の高校留学体験もその内容は他の方々とあまり大差無いものと思いますが、いくつか気づいた事をお伝えしたいと思います。

まずは、日本的気遣いや、やさしさが結構喜ばれるという事です。「日本的な和」「欧米的な個」というどうも相容れがたいものがありますが、日本的な気配りのきいたやさしさはかなり多くのアメリカ人に好まれるものだと言う事が分かりました。

その実践によって私は多くの方々に厚意をもって迎えられました。日本ではなかなか得難い友がアメリカでは沢山でき、親友と呼べる友も三人できました。日本の美徳は彼の地では日本以上の美徳であるようです。

実は、私も一時期コミュニケーションの疎外ともいうべき状態にあったのですが、又々父に助けられました。周囲に対して形で表してやさしくしなさいと言われたのです。

父の「味覚は国境を超える」というアドバイスに従って私は得意のケーキ、お菓子作りで周りを喜ばせました。中学時代に私はケーキ作り事典を傍らに熱心に研究していたので、二十四種類のケーキを作れるようになっており、その腕を生かしたのでした。こういうのを「芸は、身を助く」というのでしょうか。

否が応でも人々が個を競い合い、自我を張り合う事が当たり前のアメリカでも、やはり彼等自身疲れるものがあるのでしょう。それもあって日本的要素にきっとオアシス的な潤いを感じたのだと思います。

ともあれ日本国内とは全く感覚の異なるアメリカでの生活は、色んな学びの機会となりました。あちらでは日常生活でも状況が急変、急転換したりするのでそういった、いわば出たとこ勝負的な場をいくつも体験できたような気がします。

必要な時には、積極性を、能動性を果敢に発揮しなければならないのは、洋の東西を問わず同じです。そして人は、それをある早い時期にそれぞれ体験学習するのでしょう。私は日本人でありながらそれをアメリカで学ぶことになったと思います。

例えばそれは何事にもよらず能動的な態度を求められ、これに応えるということです。学園祭には三千人の前で沖縄のエイサーを一人で披露しました。異文化的なインパクトのお蔭であったのでしょう。大好評でした。

授業においては、特に数学はアメリカより日本の学校の方が進んでいるので、私はアメリカのクラスメイトに数学を教える事もありました。あと電子辞書は意外と日本にしかな

▲留学時の写真(著者:後列中央)
留学時のホストファミリーは、愛情溢れる典型的なアメリカ家庭。
感謝は忘れません。現在も、もちろん交流を絶やすことなく続けている。

▲留学の写真(著者:左端)
仲良くなれば超フレンドリーなアメリカンティーンエイジャー。これまた感謝!

いらしく、かなり珍しがられ難しい英単語の意味を何度も調べてあげたりしました。こういった積極性も評価され、卒業式には成績優秀留学生として表彰をして頂くことになったのは光栄なことです。

私は、一年二ヶ月のアメリカ留学生活を愛情深いホストファミリーと友人、先生方に恵まれ無事終える事ができました。感謝この上ない事です。

帰国しても私の高校へは戻らないという基本に変りはなかったので、そのまま自主退学させて頂くことにしました。今後の方針や考えを父とよくよく確認した上の事です。

予定では予備校や塾を活用して受験準備をしようとしたのですが、自分自身の都合で思うようには進みませんでした。今までのガンバリや無理の反動が一時に出て勉強が全く手に付かない状況に追い込まれたのです。一種のバーンアウト（燃え尽き症候群）のような状態だったのかもしれません。大学に入る前に五月病にかかった様なものであったとしか言いようがありません。

そして学年で言えば三年生の夏休みの終わりの頃に、父に大学受験はどうするのと問われ、目が覚めました。しかしさすがにこの遅れはもうどうしようもない様な感じがしました。受験まで残り約五か月間しかないのです。

父も言いました。「入れるところならどこでも行くというのならいいのだけれども、いわゆる難関大学へ行きたいのなら再来年の受験だな」と。

父と乗り越えた大学受験

普通ならこういう状況ではしょげかえるものでしょうが、そういう時にこそひるまないのが私です。むしろそう言われると自然と闘志がわいてくる感じがしました。

しかしそれにしてもこの厳しさ、一発大逆転のストーリーにしなければならないのですがその先が見えません。ところが我が家には緊急システムがあるのです。それは「困った時の父頼み」です。父は、私達子供達が助けを求めた時、それが建設的なものであれば、時間や労や費用を惜しんだことがありません。私も何度もこれによって救われたか。その時も父に緊急出動を願ったのです。

私の要請は、とにかく一生懸命頑張るから有名私大への合格の道筋を一緒に考えて欲しいというものでした。

父は、一言「分かった、でもこれはかなり厳しいよ」と言ってくれました。そして付け加えて「でも一浪すれば何とかなると思うよ」と言うので私は、「いや、浪人はしたくないの」と返すと、父は私の顔をまじまじと見て「お前は又本当に贅沢なことを言うな」と呆れていました。

そして周到な父は、「ところで受験勉強はどこまで進んでいるの？　日本史と現代国語を教えて欲しいみたいだけれど」と、確かめて来たので私も正直に「怒らないで聞いてくれる？　実を言うと平安時代と奈良時代どちらが先なのかも忘れちゃってるの」と告げました。

父は本当に驚いた様子で「えっー、お前本当に受験生なの？　これじゃ高校受験だって受からないよ」と言いました。こういう時の私は、かなり厚かましくなれるみたいで「そこを何とか」と哀願すると、父は一瞬遠くを見る様な目をした後、「何とかするから一緒に頑張ろうな」と言ってくれました。その時私は、私を見つめる父の瞳にいつもの愛情深いもののある事を見逃しませんでした。そして何だかもう救われた様な気持ちになりました。

早速翌日には、沖縄で一番大きな本屋さんのある那覇市に出て、参考書を山のように買い揃えました。父のアドバイスは実践的でこの時にも勢い込んで揃え過ぎないようにと言われました。必ず未消化に終わるからだと言うのです。

この後続く父の指導の連発は、それそのものが私にとって大いに学びとなりました。

例えば、現代論説文の難解さに音を上げる私に「大丈夫、こういった文章は欠陥な内容だから問題文に使われるんだ、憶するもんじゃない、答えを当てる程度に分かれば十分だよ」と。

又、瑣末な暗記事項の多い日本史も、「なぜ頭に入らないのか――それは歴史の原則、運動法則を抜きに理解しようとする無理があるからだよ。平安仏教と鎌倉仏教の違い？スポンサーが公家から武家へ替わったところに特徴があるんだよ」などと理解の前提を提供してくれるので本当に助かりました。お蔭でまったく学習の能率が違うのでした。

ところで私は、世事に疎いといいましょうか、のんびりしている性質なので、志望する大学もかなり大雑把な決め方でした。

とにかくランキング順に並べて受験すればとりあえずいいのでしょうという感じで個々の大学に関する知識はほとんどありません。結局それは、一般的な栄達にはあまり興味がないところから来るものなのでしょう。

もちろん進路としての将来への展望は、とても大事な事でありますが、よく分からない未来を今の時点で決めつけるかの様な捉えかたは、やはり無理が後々に生じると思うのです。個人のする見通しにはやはり限界があるので、私はとに角今、あるいはごく近い未来に役立つ自分になろう、そういう自分作りをしようという考えでやって来ました。

未来は、未来、今は今で対応しようとするしか無いという割り切りは、そんなに無理のあるものではないと思います。それよりも、今の時点で未来を固定するかの様な方法論の方がよほど無理があると思うのです。何かの本で読んだ「イギリス経験論学」というのも大体こんな感じのものではないでしょうか。

こういうプラグマティズム的な考えに基づいて父の指導の下、短期決戦に臨んだ私の大学受験の結果は、結論から言えば第一志望校の学部の一つになんとか引っかかる事ができたというものでした。ベスト中のベストではありませんでしたが、出発点を考えれば大幸運とも言うべきでしょう。

大和《やまと》心で生きていく

これをもとに、努力の大切さとか個人の意思の大事さを大仰に述べる気にはなれません。何故だかそれは、西国立志編的な精神に悖《もと》る様な気がしてならないからです。又何だか自分を語ると言う事も同様な感じがします。せいぜい自分を見てもらうことが自然体により近いという気がします。

それは言いかえれば「語る」ではなく「行う」ということであり、有言実行より無言実行により近く、更には、これは大和心に通ずるものであるとしても良いのではないでしょうか。

この章のしめくくりは、ちょっとカッコイイものとなりましたが、これがこれからの草の根保守のスタンダードになってゆくことでしょう。もちろん私はこれでゆきたいと思います。

第5章

沖縄の自助論

日本の復興は、沖縄から

私は、ひょんないきさつから保守運動に加わり色んな事を体験させて頂きました。そして色々と感ずるものがありました。その第一は祖国日本の安寧についてです。何を大仰な、それより自分自身が早く一人前になる事が先でしょ、という事を言われそうです。自分の未熟さを自覚している身としては、その通りですと答えざるを得ませんが廻りの印象と異なって私はこういう時に、都合のいい発想をします。

それは、日本復興運動実践にともなう種々の困難を、自分を鍛える成長させる機会にしようというものです。実際既にもういくつもいくつも体験させて頂いております。本当に有難いことです。感謝、thank you。

父の応援、指導が大いに助けとなっています。父は応用心理カウンセラーです。いつも言ってくれるのは「ピンチはチャンス」というものです。「チャンスは初めはピンチの姿でやって来る」とも言います。それを私はアドバイスとして実践しているのです。書けばさらりとしたものですが、その時の現場では、もうほとんどノイローゼ状態に陥る事もしばしばです。

めまぐるしく状況が変わることもよくあり、正しい判断が求められます。その正しさは私個人としてのものではなく、あくまでも全体の中でのものとしなくてはならず、まず正しさとはこの場合では何であるのか基準を作ります。それは感覚の場合も含めてです。そして何とか正しい判断に辿りついても今度は、決断という作業があります。その直前には決心が入ります。

つまり、正しい判断、次に決心、その次にいよいよ決断、この繰り返しです。

色々つらいところもありますが、何と言っても私にとっての救いは、素晴らしい方々との出会いです。そういう方々の存在は、この世を信じてゆこうという気持ちを私に与えてくれます。

そういう優れた方々に共通しているのは、自らを信じる心と理念の高さ、信念の強さです。今の私では及ぶべくもないのですが、私は私で一つ心に決めている事があります。

それは、「人を欺《あざむ》かない、自分を欺かない」というものです。これを守っている限りは、成功も失敗も同じように受け入れられる気がします。

沖縄の真正保守が考える日本の復興

さて、これから沖縄の真正保守が考える日本の復興についてまとめてみたいと思います。実は沖縄が全国有数の尊皇県であるというと、本土の皆様は意外な思いにうたれる事でしょうがこれは事実です。

例えば、平成二十六年六月二十六日に天皇、皇后両陛下が沖縄をご訪問された時には、奉迎歓迎の行事が行われました。

私達も那覇市のメインストリート国際通りを練り歩く奉迎提灯パレードに参加しました。

このパレードは七千人規模のものでしたが、割り当て的に動員されたものではなく、各種の案内を見て自発的に参集した方々でした。

それこそ老いも若きも気持ちを一つにして、天皇ご夫妻をお迎えしようと県下至る所から参集したのです。

提灯を前にかざしてのパレードは、何だかお祭り気分そのもので、時折唱和する「天王陛下万歳」「皇后陛下万歳」「日本国万歳」の歓声は大通りに響き渡りました。

▲天皇皇后両陛下奉迎提灯大パレード平成24年11月18日　出典：日本会議
沖縄県民は、実は「日の丸」が大好きなのです。
祖国復帰運動のシンボルは「日の丸」でした。これを思い出すのです。

そして、私達のこの連呼に沿道の多くの人々が声援を送ってくれるのです。

どうでしょう。こういう場面、情景は日頃マスコミその他が伝える沖縄と大分イメージが異なるではありませんか。如何に恣意的にイメージが作られ刷り込まれているのかが分かります。

このパレードでは興味深い、あるいは面白い事がいくつも見られました。そのいくつかを本土の皆様にご紹介しましょう。

パレードが行われた国際通りは、お土産品店が立ち並ぶとても賑やかな通りです。

パレード当日も沢山の観光客が往来を賑やかにしていました。そこに唐突に現れた日の丸の大群、結構絵になる場面です。

こういう突如の場面に遭遇した時にこそ人は本心を表すものです。

まずお店の関係者や地元の方がにこやかに手を振ってくれます。

観光客の皆様はどういう反応だったでしょうか。沖縄を訪れる観光客も御多聞にもれずかなり様変わりしています。従来の本土観光客をしのいで中国、香港、台湾、韓国から押し寄せるように来ています。

パレードを見て大陸系中国人は反日と抗日琉球を刷り込まれているのか私達を憮然として眺め。意外そうな顔をしていました。韓国人も同様だったと思います。

しかし、明らかに中華系なのに手を振る人達がいてやはり台湾人なのです。本土観光客も意外だという表情の方が多くいらしてましたが、感激して一緒に万歳を叫ぶ方も少なからずいました。日頃沖縄県を日の丸嫌いの人達と思っていた反動でしょう。あと、本当に面白かったのは、本土からの修学旅行中学生の皆さんです。パレード最終地点は県庁前だったのですが、ここは観光バスの降車エリアらしく、たまたまいくつかの中学校の生徒さん達がバスを降りて集合するタイミングとパレードが重なりました。初めて見る程の大量の日の丸と提灯に中学生達は驚きを隠せませんでした。そして次に彼らがとった行動が今度は、私達を感動させました。私達に合わせて何と彼らも又万歳を繰り返すではありませんか。

これこそ日本人がとる地域を超えた自然な情です。御国の弥栄を寿ぐ気持ちは日本人に共通するものです。本土から修学旅行で来た中学生の皆さんは、はからずもこれを示してくれました。

パレード終了後参加者の群れは、市内を護国神社方面へ移動しました。もうその頃には街に宵闇が迫っていました。そこは、國場川の河岸で、あるイベントの為に移動してきたのでした。そのイベントというのは、何と畏れ多くも両陛下との交流です。

両陛下がお泊りのホテルから河向うに私達はいて、開けた空間越しに両陛下が参集した私達の提灯をご覧あそばされるのです。

今か今かと待ちわびる私達でしたが、一つ気になる事がありました。それは視界の一角に煌々と勇ましく輝く、ビル屋上の巨大なネオンサインです。しかもそれがパチンコ屋さんのそれであったのです。

結構無粋だなあと思う間に突然これが消え、途端夜のスクリーンが大きく広がりました。間もなく会場にアナウンスが流れ、今から特別室ご滞在の両陛下がお部屋の明かりを点《とも》され、皆さんの奉迎の労を労われますということが伝えられました。

その時又、例のパチンコネオンサインが煌々を始めるではないですか。驚いて見てみると何と電光パネルに映っているのは、風にたなびき翩翻と翻る目にも鮮やかな日の丸の旗でした。夜空にくっきりと浮かび上がる巨大な日の丸に、会場内すべての人が一瞬息を飲んだ後、一斉に喚声をあげました。パチンコ屋さんも結構やるもんですね、と思わず私達は感心してしまいました。

私達も答礼ということで提灯を横に振りましたが、これに又特別室の窓明かりが点消灯し、合図を下さりました。

私の筆力では、その夜の風雅を上手に表現する事は適いませんが、我が国は本当に雅な国だと一身に感じ入った夜でした。

麗《うるわ》しの国日本に生まれた幸せ

それにしても、その夜私達が内に抱いた感情は何だったのか、「愛国心の発露は素晴らしい」では定型すぎるので別の表現の道を辿りたいと思います。

それは愛国心とは何かという事になります。積極的な帰属意識といっても遠からずなのでしょうが、ここでもう一歩踏み込んで考えてみましょう。愛国心発露の時なぜ私達は、感動し幸せな気持ちになるでしょうか。

私達には、幼い頃母に抱かれた時の喜びの記憶があります。その時私達は無条件に嬉しいのです。それは母へ帰属が確かめられた状況です。安心、安らぎ愛の保障、存在を担保される、こういった言葉が浮かび連なってゆきます。

つまり幼子の母への愛と長じてからの国への愛は、同じものと言えるのです。何故なら国家は個人を国民として登録できる権能があるからです。帰属を保障してくれるという事です。

ましてや日本国は、世にも例の少ない希少な自然発生国家です。ということは、一族一家のような国と言える、それが我が日本です。国家と個人が日本ほど幸せな関係にある国は他にないでしょう。国民同士が家族であるという意識が持てるのは、人類社会のバリエーションの中では理想の一つではないのかと私は思います。

愛国心の感動に戻ると、国を愛することは自分を愛する家族を愛することと実は同義であり、自己愛、家族愛を満たされた時の喜びと愛国心発露の喜びは同じものなのです。

つまり帰属意識を充足させるものに私達は、愛を感じそして喜びを求めるのです。

私達の場合それが家族であり日本という国なのですが、何と幸せな事に我が国はいい意味で特殊な国です。それは、現代と神話時代がそのまま時空を貫いてつながっているという特殊性です。

歴史に無理な、不自然な、つなぎめがない事の意味、それは件《くだん》の帰属意識の深まり純粋性が他国民のそれと比べてはるかに上だという事です。日本の悠久の歴史が、伝統がそれを現代に生きる私達にもたらしているのです。

私達が日本を絶対に守ってゆかなければならないと思うのもここに理由があるのです。

麗しい国日本、その日本に沖縄が属しているという事は本当に幸せな事です。

近年日本人の起源について明快な答えを示してくれる良書が出ています。著者は長浜浩明氏で、書名は『日本人ルーツの謎を解く』(展転社)です。更に長浜氏は『国民のための日本建国史』(アイバス出版)でも続編として詳しく解説されています。

これは巷間で一般に流布されていたものを大きく覆すものです。しかし著者によれば、はじめからこれらは知られていたことらしいのですが、ある意志の存在によってこれらが無視され誤ったイメージが定着させられていたと言うのです。

そのイメージとは、日本の主だった文化、文物はそのほとんどが朝鮮半島経由のもので日本のアイデンティティは、日本列島そのものには由来しないとするものです。

別の表現をすれば、日本人は自身にオリジナルを持たないということになります。その為、御皇室も朝鮮からやって来たなどという珍説がまことしやかにささやかれる事になるのだそうです。

かなりの学識を持つ方々までもがそう言うらしく、ここにも又よからぬ空気の支配があるようです。

著者によれば、日本人のルーツはそのようなものではなく、日本語が成立した時が日本人の誕生だとし、広く日本列島に人が住みだし、縄文人がそのまま弥生人に発展したというシンプルなものです。と言う事は一万数千年前に日本人の原形ができていたことになります。つまり、日本人自身がオリジナルという事であり大陸、半島由来説を完全に論破しています。

その中にあって沖縄は、縄文時代の日本人がそのルーツと言えます。つまり古い日本人、縄文色濃い日本人と言っても良いでしょう。
言語学的にも専門家は手の届くところに上古がある、それが沖縄だと言っています。結局どこから見ても本土日本人と沖縄県人はルーツは同じという結論です。

私の沖縄論

次に、私が見る日本本土と沖縄の違いについて述べます。文化的、習慣的な違いについて、これを明らかにする任に私はありませんし、第一、地方地域ごとにそれが異なるのは当然でそれは何も沖縄だけの事ではありません。そこで、あくまでも沖縄の県民性の理解に資するものという観点から考えてみたいと思います。

本土と沖縄の違い、その最も大きいものは歴史の発展段階に求められるものです。それは、封建時代を経ているか否かです。

封建体制も又、例によって左翼に目の敵にされるものです。例えば、論語は歴史的に日本人の精神的バックボーンとして道徳心を大いに高めてきた宝物であるのに、左翼は悪しき封建制を内に抱えるものとして戦後の教育から徹底して排除してきました。

その影響もあって何となく現代日本人は、封建というものに良いイメージを持っていない事でしょう。たまに封建と聞いても頭の中では、「ホーケン」としか響いていない事でしょう。

しかし印象とは逆に封建時代は大切です。近代社会というのは、実は封建社会を経る事によって成立すると言われています。私もこの説に大賛成です。

近代社会とは要するに近代精神によって営まれる社会の事で、いくら外見が発展しているように見えてもこれがないと近代社会とは言えません。

中国等がその典型でしょう。未だ人治政治なのですから近代社会とは言えません。

ではなぜ封建時代が近代へとつながるのでしょうか。それは世界の中で家紋があるのはヨーロッパと日本だけという事にヒントはあるそうです。

社会が小規模な間は、意志の疎通も比較的スムーズにいきますが、それが広域になるともう利害の調整も難しくなってしまいます。

ここで人間関係というものを考えてみます。色々な人間関係が考えられますが、その中で一番矛盾の少ない人間関係はやはり家族です。

家族とはまさしく共同体そのもので、損益を同じくし相互扶助の関係にあります。そこにあるのは利他の姿です。

家庭にあって親は、子に対し利己の心では親業を全うすることができません。通常の親子関係は利他の原則で営まれています。

当然すぎて普段は気にも留めないことですが、実はこれはとても重要な事なのです。利己が当たり前の人間関係に例外的に利他が成り立つ、これはまさに特例的です。

兄弟姉妹の関係もこれが基本ですが、これはかなり流動的で家庭教育次第でその幅に大きい小さいがあります。

これをまとめてみますと、親から子への利他は生物学的な自然の本能に由来するものでしょう。それは、他の野生の世界でも自然に見られる現象で、むしろ人間よりも動物の方がよりケア度は高いのではないでしょうか、動物の親は本当によく子供の面倒を見ます。ところが、子から親への利他は人間特有のもので成長した我が子が老いた親を養う現象は動物界には見られない事です。

人間と動物の違いを定義するのに道具というものがありましたが、ついでに今私が言った親孝行の有無を付け加えるのはどうでしょうか、これは半分以上冗談ではありますが、それ程これは特異なことなのです。しかしここで、私達が考えてみなければならないのは、親から子へのケアは本能による自然由来のものとしても、子から親へのケアはかなり人為的、作為的なものであるということです。

教育によってそれらは与えられるにしてもその原理は、道徳という精神によって生み出されるものです。

この辺のところはカウンセラーである私の父の得意とする分野でこの考察も父の説によっています。

人にとって出生して初めて出会う人は、自分の親でありこれが対人関係のスタートになります。

その人の対人関係の在り方は、母親との関係の在り方によって決定されるとも言われています。

兄弟姉妹の関係の場合それはもう一種の社会の始まりであり、実社会のひな形のようなものです。つまり利己心の強く働こうとする関係です。

その利己心のぶつかり合いが闘争なのですが闘争関係程非生産的なものはないでしょう。この対立を回避し最小限にしようとするのがいわゆる道徳というものでしょう。

つまり、人は本能をコントロールすることによって人になったとする観察です。本能は道徳によってコントロールされ、闘争対立から協力宥和にそのエネルギーを向かわされ人類に文明の発達をもたらしたと解釈してもかまわないでしょう。

家庭によって兄弟姉妹関係の在り方に大きな差が出るのは、親の教育の在り方によるもの、つまり家風の道徳性によって決定されるものでしょう。

ややもすると利己的になる人間が広域社会を作る時、よほどこの利己心をおさえるシステムがないと社会は万人の万人に対する闘いということになるのは当然で、必要となるのがこれを治める強権という事になります。中国に専制が無くならないのはこの為です。

しかし、日本の場合封建制を経ているのでこの弊を免れています。どういうことかと言うと、封建体制の原理は、教科書で習った通りそれは、御恩と御奉公によって成り立っているということです。

御恩と御奉公、まさしくこれは親子の関係のそれと同じ原理ではないでしょうか。

これによって難治広域が共同体に変貌するのです。つまり社会が利己心ではなく利他心によって営まれることになるのです。

同じ東アジアにあって日本と中国・韓国の国情の違いは、この辺に由来するのではないでしょうか。

封建制は、これだけでなく更に大きなものを社会にもたらしたと言われます。それは心の美学の発達です。善の発展と言ってもよいでしょう。そうではない周辺国の悪徳のすさまじさは日本では想像もできません。広域が歴史的に共同体化していない為です。

世界中が日本人に認める美徳は、いくつもあります。中でも親切心、順法精神、正直さと言った公徳心は群を抜いているらしく、外国人の方が日本人よりも日本を誇らしく思っているようです。人類社会の可能性を日本に見ているのです。

封建制が家族関係をひな形にした広域共同体であるという考えは、学術的にはどう扱われるのかよく分かりませんが、現実の人間関係にはっきりと示されています。

言葉の上でも親分子分、兄弟分、親会社、子会社等家族の論理を用いて人間関係、組織関係を規定している例は沢山あります。

私はやはり道徳の元は、家族の愛だと考えます。それは利己心の対極である利他の原型が家族の愛にあると思うからです。

それは感覚としての愛の心地よさが利己心をよくコントロールして利他の心に転化させている、つまり愛とは利他であり、それによってはじめて本能は道徳という管理を喜びと共に受け入れるプロセスを辿ったと思うのです。

更に続けると、道徳は喜びであると本能に感覚レベルで教え込むのが教育であり、それによって社会は利己よりも利他の多い愛と思いやりのある、より住みよいものになります。

社会に都合のよいものは、発達、発展するのでその結果日本は、世界有数（本当は、世界一と言いたい）のモラル立国となったのです。封建制の御利益です。

日本は、本来そういう素晴らしい国なのですが、残念なことに戦後その美徳をどんどん失っていると言われています。その原因は日本国憲法です。明らかにこの憲法は、日本の共同体壊しが目的であるのが、その内容から見て取れます。

話が大分遠回りになりましたが、沖縄にはその封建制の歴史がないのです。沖縄社会は封建制の体験を経ていません。その為封建制のもとで発達するべきであったものに欠けるきらいがあると思うのです。精神文化としての美学、美徳といったものです。現代においてはかなり均質に近づいてはいると思いますが、沖縄県の県民性にある種の後進性があるとすれば、この点に求められるべきと私は思います。

そうは言っても私は、沖縄が本土と全く同質になるべきとも考えていません。むしろある程度以上の違いは必要有益であるとも考えています。

それはフロンティア性です。何によらず完全同質には、純粋培養的な危うさがあると思うからです。誰も間違いに気付かない、気づかせないという全体主義の危険性がそこにあるのです。

異質なものの存在は、社会が一点集中することを防ぎます。それによって戻されるバランスというものがあります。

異質な要素の存在は、全体を活性化させる働きもします。同質性の高くなる傾向のある我が国が伝統的に文物を珍重する舶来好き、新しいものがりの文化があるのもその為でしょう。

沖縄が日本に復帰を果たしたのは昭和四十七年の事で、戦後の二十七年間はアメリカの統治のもとにありました。沖縄の戦後と本土の戦後は、それ故に異なるものが生じました。これも又、ほとんどの識者の指摘することが無いものです。

この事は、本来日本全体の問題であり、戦後日本そのものを問う問題です。

しかし例によって、同質な集団性によってある一点、ある一方向以外は見ても向いてもいけないという空気に支配されています。

この状況に新風を吹き込み、日本社会全体に意識の刷新を図れるのは、内部にあって外部性を有する沖縄県のみでしょう。

では、戦後日本人が意識を向けてはならないものとは何でしょうか。

それは、先の大戦争の呼称に端的に現れています。一般に呼び習わされる太平洋戦争という言葉に戦後生まれの日本人は何の疑いを持ちません。学校でそう習い、マスコミその他が当たり前に用いるのですから当然です。

この言葉は何と戦争中には無かったことばで、戦後になって初めて用いられる様になったというではありませんか。先の大戦の正式というより唯一の本来の呼び名は大東亜戦争です。

日本民族にとってあれ程の大事件は無いという戦争です。その呼び名が変えられその事に誰もが口をつぐむのは怪しいことで、更にこれがもう七十年間も放置されているというのはおかしい事です。

その不自然さ、いわば日本人らしくない様を深層の意識で鋭く指しているのが沖縄なのです。異質性を有するが故です。

これは、沖縄を語る時、考える時、かなり重要な前提となるべきですが、ここが全く抜けているのはどういう事でしょう。

何も、文化を論じる場合だけではないでしょう。国は、県は行政政策等を立案運営する時に単に表面的な県民性を考慮するだけでは不十分である事を知るべきだと私は思います。

例えば、自民党本部は、「自民党沖縄県連と上手く相互協力ができているでしょうか」「連携はスムーズでしょうか」と問う時、答えは是ではないでしょう。

日本本土と沖縄は、そのルーツが同じですので当然同質性は高いのですが、いくつかの点で異なるのです。

沖縄を十五世紀中頃から明治維新まで約四五〇年間支配統治していた琉球国は、人口の

０・４％が富のほとんどを独占する強圧政治を行っていました。決して本土日本のような経世済民政治ではなく、王族の為に全てがあるという中国的な一君万民制であったとも言われています。これは中国の悪影響かもしれません。

その中で沖縄人は長きにわたり貧苦にあえいでいました。領主というものは、必要もあって学問教育の振興に力を入れるものですが、琉球国の場合、閉じられた共産主義社会の様なもので、教育がかえりみられない愚民化政策がとられていました。

一般に唄と踊りの平和な歴史を持つ島、守礼の邦というイメージがありますが、それはあくまでも観光用のものです。それどころか琉球王府は、かなり好戦的で当時としては遠い北方の奄美大島や南方の宮古、石垣島等の先島諸島に兵を送って支配下に置いています。そういう由来がある為、石垣市の人は、沖縄本島に出張する時に「沖縄」に行ってくると言って家を出るそうです。歴史的な反感が現代にも尾を引いているのです。

琉球国時代が沖縄県民にとって輝かしいものであったのなら、現代の県民がこれを懐かしみ郷愁を感じてもよさそうなものですが、そういう習わしはほとんどありません。

昔から一体感などなかったのです。一六〇九年に薩摩が侵攻してきた時に命がけで王府を守る者が少なかった事にそれは現れています。中国の歴代王朝が外敵にもろく滅びる例が多いのと相通じています。

これに対し、沖縄戦における県民の戦いは正に熱烈なる愛国心の発露であり祖国日本の防衛に大きく貢献するものとなりました。

この違いはどこからくるのでしょうか。果たして沖縄県民に日本に対する強い帰属意識なくしてなしえたものなのでしょうか。

薩摩が琉球国を支配した事に沖縄人が遺恨をもっているとするなら、これ程勇敢に県民が戦う訳がないのです。

こういう指摘は、とても重要であると思います。と言うのも戦後の史観は全て日本悪玉論ばかりなので、どうしても正しい像が得られないのです。解釈を与えられず放置されている歴史的な事柄が多過ぎます。

それは歴史解釈に特に重く空気の支配がのしかかっているからです。歴史家も歴史学者も戦後左翼史観に呪縛され負の和の中にあります。いずれはこれも破られる事になるでしょうが、これを早める動きは必要です。

私の様な歴史学の門外者は、束縛を受ける立場にないので、自由な発言をすることができます。

では、続けます。何故沖縄県民は沖縄戦を勇敢に戦ったのか——。

それは、明治政府が沖縄人を琉球王府の悪政から解放してくれたからです。そして沖縄に近代化をもたらしてくれました。琉球王府の農奴から明治日本の国民になった意識の変化は、かなり衝撃的な事であったでしょう。

もちろん日本社会全体が受けた大変化だったわけですが、その変化の質と幅は沖縄の方がずっと大きかったのです。

本土では、領民から臣民へ、沖縄では農奴から臣民ですからその差は歴然です。その中でも特筆すべきは、沖縄人すべてに等しく近代的帰属意識が生まれた事です。沖縄社会が一つにまとまって活性化した瞬間でした。

明治政府の断行した政治は当時の人々にとって本当に画期的なものでした。教育、産業を振興し、社会インフラを整備する、これは王府の統治と全く異なるもので、民生向上を喜ばぬ者がいるわけがないのです。

このような統合によって沖縄人は、はじめて社会的自我を持つことができるようになりました。自分の顔を持てるようになったと言ってもよいでしょう、日本全体でもそれは同様なところがあって日本国民である事を通して人間としての誇りを強く持つことになったというのが明治維新の一面でしょう。

歴史を鑑とするとは、良く言われることですが、そこに見るものは歴史の法則である事はもちろんとして、更に見るべきものとして精神の在り方の移り変わりがあると思います。

そういう意味においての社会心理学的な精神発達史というのは、未開拓な分野なのではないでしょうか。

以上見た様に、沖縄の日本編入は、反日左翼が何をどういおうと当時の沖縄人にとっては福音そのものであった事は確かです。

沖縄県民にとって日本の心、大和魂

その時代の沖縄県民が日本本土に抱いた思いは、素朴な感謝と尊敬と憧憬の念であった事でしょう。又学ぶ教育も元が同じ民族ルーツなので感性も通い、日本本土の文物を理解吸収する作業も本土とあまり変わりが無かったのです。それは神話の世界もよく共通して似ていることからも容易に想像できる事です。

西洋人がギリシャ、ローマの歴史文物に抱く親近感とは比較にならないのです。

その沖縄県が大東亜戦争において日本本土と運命を共にしようと思ったのは自然な事であり、米軍が熾烈な攻撃を日本国沖縄県に加えようというのなら、これに日本人として敢然と立ち向かうことに何の疑いもなかったのです。

自らに深い帰属意識をもたらすものは、命よりも尊いと感ずるのは自然の情です、沖縄県民にとって日本の心、大和魂は既に自らのものであり、これに誇りと喜びを感ずるのです。それが故の沖縄戦敢闘なのです。

これは、左翼の歴史解釈と真っ向から対峙する現代沖縄県民の歴史態度ですが、史実に素直に接すればこれが正当でしょう。

第一、左翼は、現実を理論、理念に無理やり合わせようとする自然に反する事をしているので必然的に答えは、誤ったものになります。と言うことは、逆から見れば、彼らの主張、解釈、結論の正反対の側に正しい答があることになり、彼らは百八十度正しく狂った羅針盤であると言えます。

では先人の戦った沖縄戦とはどういう闘いであったのでしょう。

一九四五年三月二三日に先に慶良間諸島攻略を始めた米軍第一〇軍は、九日後の四月一日に沖縄本島中部西海岸に上陸します。これが三カ月に渡る沖縄戦の始まりです。

当初米軍は、一、二週間で沖縄を攻略するプランで沖縄戦に挑んだと言われています。圧倒的な物量と打撃力でもってすれば、さしもの日本軍もごく短期間に壊滅するだろうというのは、単純な戦力比較での結論だったのでしょう。

▲沖縄戦
1945年4月1日沖縄戦始まる。米軍は2週間を予定していたが、国軍と県民の敢闘により3カ月に及ぶ激戦となる。米軍はこれによって日本本土侵攻計画を変更、断念したと言われる。

しかし国軍とそして共に戦う沖縄県民の敢闘によって大きくそのプランが崩れてしまいます。

この後に控える九州上陸作戦、そして本州上陸本土決戦の見直しを余儀なくされた事は間違いないでしょう。何せ小さな沖縄島一つ陥落させるのにこれ程の物的人的損耗です。本土侵攻に伴う損失は、戦争目的達成の意義に比して大き過ぎるということです。そういう判断を米軍に強いたのが沖縄戦であったのです。

その事について沖縄県民には、沖縄戦の結果において多くの本土住民を未曽有の戦禍から救ったという自負があります。米軍にしろ物資物量が無尽蔵という訳でもありません。ましてや万里の波濤を超えて太平洋の向こう側から大兵力を送るのです。米国の一番望む形の戦争終結も妥協をせざるを得なくなってしまったことでしょう。

沖縄戦を語る時忘れてはならないのは、海軍大田實少将の海軍次官宛の打電文です。

この電文は、沖縄戦の実相をあますところなく伝えるものであり、歴史の貴重な証言となっています。

共に学びたく次に掲げさせて頂きます。

海軍次官に宛て大田實司令官の電文

旧海軍司令部壕ＨＰより

URL http://kaigungou.ocvb.or.jp/shiryokan.html#denbun

註：文中の■は判読できず、意味不詳ですが原文のまま、引用しています。

編集部注：読みやすさを考え、原文には含まれない改行や余白を入れております。

【原文】

０６２０１６番電

「発　沖縄根拠《こんきょ》地隊司令官

宛　海軍次官

左ノ電■次官ニ御通報方取計《とりはからい》ヲ得度《えたし》

沖縄県民ノ実情ニ関シテハ県知事ヨリ報告セラルベキモ　県ニハ既ニ通信カナク　三二軍司令部又通信ノ余カナシト認メラルルニ付　本職県知事ノ依頼ヲ受ケタルニ非《あら》ザレドモ現状ヲ看過《かんか》スルニ忍ビズ　之《これ》ニ代ツテ緊急御通知申上グ

沖縄島ニ敵攻略ヲ開始以来　陸海軍方面　防衛戦闘ニ専念シ　県民ニ関シテハ殆《ほとん》ド顧《かえり》ミルニ暇《いとま》ナカリキ

然《しか》レドモ本職ノ知レル範囲ニ於《おい》テハ　県民ハ青壮年《せいそうねん》ノ全部ヲ防衛召集《ぼうえいしょうしゅう》ニ捧ゲ　残ル老幼婦女子ノミガ相次グ砲爆撃ニ家屋ト家財ノ全部ヲ焼却セラレ　僅《わず》カニ身ヲ以テ軍ノ作戦ニ差支《さしつかえ》ナキ場所ノ小防空壕ニ避難　尚砲爆撃ノガレ[redacted]風雨ニ曝《さら》サレツツ　乏シキ生活ニ甘ンジアリタリ

而《しか》モ若キ婦人ハ卒先軍ニ身ヲ捧ゲ　看護婦烹炊《ほうすい》婦ハモトヨリ　砲弾運ビ　挺身切込隊《ていしんきりこみたい》スラ申出ルモノアリ

所詮　敵来リナバ老人子供ハ殺サルベク　婦女子ハ後方ニ運ビ去ラレテ毒牙《どくが》ニ供セラルベシトテ　親子生別《いきわか》レ　娘ヲ軍衛門ニ捨ツル親アリ

看護婦ニ至リテハ軍移動ニ際シ　衛生兵既ニ出発シ身寄無キ重傷者ヲ助ケテ敢テ　真面目ニシテ一時ノ感情ニ馳《か》ラレタルモノトハ思ハレズ

更ニ軍ニ於テ作戦ノ大転換アルヤ　自給自足　夜ノ中ニ遥ニ遠隔地方ノ住居地区ヲ指定セラレ輸送力皆無ノ者　黙々トシテ雨中ヲ移動スルアリ

之《これ》ヲ要スルニ陸海軍部隊沖縄ニ進駐以来　終止一貫　勤労奉仕《きんろうほうし》　物資節約ヲ強要セラレツツ（一部ハ兎角《とかく》ノ悪評ナキニシモアラザルモ）只管《ひたすら》日本人トシテノ御奉公ノ護ヲ胸ニ抱キツツ　遂ニ[redacted]与ヘ[redacted]コトナクシテ　本戦闘ノ末期ト沖縄島ハ実情形[redacted]

一木一草焦土ト化セン　糧食《りょうしょく》六月一杯ヲ支フルノミナリト謂フ　沖縄県民斯《か》ク戦ヘリ

県民ニ対シ後世特別ノ御高配《ごこうはい》ヲ賜《たまわ》ランコトヲ」

【現代文】

昭和二十六年六月六日　二十時十六分

次の電文を海軍次官にお知らせ下さるよう取り計らって下さい。

沖縄県民の実情に関しては、県知事より報告されるべきですが、県にはすでに通信する力はなく、３２軍（沖縄守備軍）司令部もまた通信する力がないと認められますので、私は、県知事に頼まれた訳ではありませんが、現状をそのまま見過ごすことができないので、代わって緊急にお知らせいたします。

沖縄に敵の攻撃が始って以来、陸海軍とも防衛のための戦闘にあけくれ、県民に関しては、ほとんどかえりみる余裕もありませんでした。しかし、私の知っている範囲では、県民は青年も壮年も全部を防衛のためかりだされ、残った老人、子供、女性のみが、相次ぐ砲爆撃で家や財産を焼かれ、わずかに体一つで、軍の作戦の支障にならない場所で小さな防空壕に避難したり、砲爆撃の下でさまよい、雨風にさらされる貧しい生活に甘んじてきました。

しかも、若い女性は進んで軍に身をささげ、看護婦、炊飯婦はもとより、防弾運びや切り込み隊への参加を申し出る者さえもいます。敵がやってくれば、老人や子供は殺され、女性は後方に運び去られて暴行されてしまうからと、親子が行き別れになるのを覚悟で、娘を軍に預ける親もいます。

看護婦にいたっては、軍の移動に際し、衛生兵がすでに出発してしまい、身寄りのない重傷者を助けて共にさまよい歩いています。このような行動は一時の感情にかられてのこととは思えません。さらに、軍において作戦の大きな変更があって、遠く離れた住民地区を指定された時、輸送力のない者は、夜中に自給自足で雨の中を黙々と移動しています。

これをまとめると、陸海軍が沖縄にやってきて以来、県民は最初から最後まで勤労奉仕や物資の節約をしいられ、ご奉公をするのだという一念を胸に抱きながら、ついに（不明）報われることもなく、この戦闘の最期を迎えてしまいました。

沖縄の実績は言葉では形容のしようもありません。一本の木、一本の草さえすべてが焼けてしまい、食べ物も6月一杯を支えるだけということです。

沖縄県民はこのように戦いました。県民に対して後世特別のご配慮をして下さいますように。（この電文は原文を現代文に直したものです。）

以上、旧海軍司令部壕ＨＰより引用

以上の電文から、沖縄戦の実相がうかがえると同時に太田實少将のあふれる至誠に感ずるものがあるます。

これによって後世の私達は、県民が沖縄戦を強制、強要されたのではなくあくまで、愛国の思いで戦ったのだという事が分かります。

これは何も沖縄県に限った事ではなく日本国中どこが戦場になっても同様の事であったと思います。

私の住む名護市にもかつて旧制第三高等女学校があり、ここからも多くの方々が出征し、お亡くなりになっています。

私も祖母の話から、祖母の姪で私の伯母に当たる方もその中の一人であったという事を聞きました。

学校から志願要請の話があった時、同級生の中で尻込みする者はいなかったそうです。

出発前に祖母の所へ別れの挨拶をしに来た彼女に祖母はその身を案じ、「戦場はとても危険なところなんだから何とか行かずに済ませないの」と翻意を促したのですが、彼女の返事は、「今はお国の一大事、御国の為に行かねばなりません、私もまだ十七歳でこれからやりたい事も沢山あるのですが、後悔はありません」と言い残して行ったそうです。

音信は、それっきりで彼女も又帰らぬ人となりました。この話を思い出す時私は、いつも目頭の熱くなるのを押さえる事ができません。

日本は、古来より後に続く者のある事を信じてあらゆる困難を乗り切って来た国です。

反日左翼から日本を沖縄を守る戦いの場に挑む時、私は先人と同じくひるむわけにはいかないのです。


あの当時沖縄県民は、何を信じて戦ったのですかと問われれば、私達は何と答えるでしょうか、もしかすると現代日本人はもう忘れているのかも知れません。

それは、祖国日本の大義です。あの戦争の性質は自衛戦争であり又白人の支配する植民地アジアの解放を目指すものであった事は史実を少し辿ればだれでも納得です。

地球規模の地域を植民地にしていたのは誰か。それを見るだけで善悪がどちら側にあるのかは明らかです。

そして、アメリカをはじめとして自国よりもはるかに強大な諸国に戦争を挑むことのどこを侵略と呼べるのか、これも又誰がどう考えても疑問でしょう。

一切の計らいを取り払えば、あの戦争が自衛解放の為であった事は明白です。

つまり、あの戦争の日本の大義は、国際的モラルに何ら反するものではなかったと言えます。その大義を郷土を舞台に自発して貫き壊滅したのが沖縄県です。

その大義は、戦後どうなったのでしょう。

壊滅した沖縄が日本本土を守ったことそれ自体は国全体への貢献として県民の誇るところです。

しかし、共にかかげた大義が戦後どこへ行ったのかは大いに気にかかるところでした。

口数少なくあえて言挙げしないのが沖縄の県民性です。そして口を噤む戦後日本人。意志の疎通にも齟齬が生じるのも当然でしょう。

つまり、本土日本は戦後の総括を避け続けていて、一方の沖縄県民の方はそれ抜きにして、戦後が終わらないという構図がずっと続いているのです。

県民に本土に対して抱く思いに複雑なものがあるとすればこれ以外になく、左翼は一貫してこれを沖縄の反日反米運動に利用してきました。

沖縄の素朴な土地柄は、本来保守色の強いもので決して左翼となじむものではありません。

日本国憲法が日本に与えた歪み

沖縄の持つ直観的な感性——縄文的と言ってもいいのでしょうか——はこういう日本の在り方に大いに疑問を持つのです。

そして敗戦ショックと日本国憲法が日本に与えた歪みは、本土と比して沖縄は、縄文の土着性故により少ないのです。

連続性の高さに特徴がある日本は、弥生的真面目さにあふれていますが、それが仇となって今は日本国憲法に込められた毒が全身にまわっている状況です。

日本国憲法が含む毒とは、有機体を解体し無機に帰す遅効性の毒であり、気づいた時には全身マヒの手遅れというタイプです。

社会学的に言えば、日本の強さとは社会の結束の強さ、つまり求心力なのですが、これは具体的には家族共同体が主体です。そうは言っても結局は強い愛がそこにあるということで、家族愛同胞愛が強さの実体です。

それを破壊しようというのが戦後憲法です。あの美麗辞句は、毒花とも言うべきもので、毒であるが故の美しさなのです。

自由、平等、人権は理念としては素晴らしくても現実世界にそのまま用いる事は、できません。何故ならこれはあくまでも抽象概念にすぎず、その弊害を検証されていないからです。保守主義の立場では、社会の法は発明ではなく発見するべきとされています。前提条件などの規制のない理想主義思想は危険に決まっています。日本国憲法は私達日本人に啓蒙思想理念の無制限の行使を強いています。戦力不保持戦争放棄や絶対平等主義はどう見ても宗教世界のお話です。世界の常識人は同じことをいうでしょう。永世中立国スイスは、重武装の国民皆兵というではないですか。

戦後日本人は、一体何を欺瞞しようというのでしょうか。

そろそろ日本覚醒の時と私などは思うのですが、それは戦後ずっと人を変え言われ続けて来たことです。今回のそれが異なるのは世代交代の問題です。三回も世代交代が行われると、途絶える伝統は途絶えてしまいます。一九九〇年代に日本の世相が大きく変わったと言われますが、これはこの事に由来しています。しかし物は考えようで、私は戦後日本は日本らしくないと考えているので新しく日本を蘇生させようという時、実はこれはある意味都合が良いのです。

つまり、創造的破壊の論理が成り立つではありませんか。すべて相談で物事が進めばいいのですが、現実は逆の場合が多いものです。

日本を再生する沖縄の役割

御皇室がある限り日本は、何度でも再建することができるのです。その時日本は新生日本と呼ばれる進化を体現している事でしょう。

沖縄の役割は、日本を再生させる事にあると思います。流動性あるものが固まる時、そこに異質物の添加が必要と言われます。天下は一物投入によって定まるのです。この予定調和の関係の中に日本本土と沖縄県はあると私は思います。

日本人の意識の奥深いところに封印された大和魂は目覚める契機をずっと待っています。その扉を開ける者の条件を備えているのは沖縄以外になく、沖縄によって大東亜戦争の総括はなされる事になります。

それが、達成されるまでは、沖縄戦は終わらないのです。大東亜戦争に御国の大義をかけ散華された当時の国民同朋は、それが成されるまでは七〇年前の時空で今も戦い続けるしかないのです。このままではあまりにも気の毒すぎます。

御魂の安らかなる眠りの為にも必ず日本再生はなされなければならないと私は、確信します。

日本再生の戦いとは一体何でしょう。一般的には対左翼つまり唯物思想との闘いです。表面的には団体、政党、組織、個人との相克に見えますが、深層では、理念同士の争いです。

左翼は、高度な論理体系で理論武装し、快進撃を続けてきましたが、これを受けて立つ保守は何を持って迎え撃つのでしょうか。

私は、両者の闘いを思想と哲学の戦いであると考えます。世界的にマルクス主義は破綻し、その実践である革命運動は終焉したと言われますが果たして物事はそう単純なものでしょうか。

私は逆にヨーロッパが唯物思想に完全に飲み込まれたと思います。知識人でもない私はそうでないが故に大胆な事が言えます。決して無責任にいうのではありません。マルクスに飲み込まれなかったか知れませんが、唯物思想には席捲されてしまいました。

例えば、それは移民問題を見ればよく分かります。もし保守主義がマルクス主義に勝利したのなら現在の様な出口の無い移民問題などがあるわけがないのです。宗教、文化、習慣、言語の違う異民族を数百万人も受け入れられると国柄が変わり、ヨーロッパ伝統の国民国家が成り立たず、国自体が無国籍になってしまいます今ヨーロッパ各国内にそれがもたらされています。論理で支配する唯物思想は、容易に国民を溶かします。民族本来の防衛本能が麻痺してしまうのです。次は日本の番でしょうか。

かつて日本にもそういう危機の迫った事があります。国柄喪失の可能性あるものの到来です。

それは、仏教伝来の事です。渡部昇一先生のご指摘によると、通常は高等宗教の伝播は、従来の宗教の一掃という結果になるそうです。

唯物思想は、理念を神とする宗教です。これが本来の宗教であったキリスト教を一掃しようという事なのです。ヨーロッパはその状況なのでしょう。

それに対して古来日本は、仏教を何と相対化し、神仏混淆にして日本化するという、ある意味人類史的偉業を成し遂げていると渡部昇一先生は洞察されています。

現代日本も又、先人のひそみに習って、自由平等人権の啓蒙思想をかつての仏教の様に日本化することができるでしょうか。聖徳太子の天才とは異なる方法でこれを成し遂げなければなりませんが、英知溢れる日本人はきっと乗り越えることができるでしょう。しかし、その前にこれを守護するオール日本左翼を打ち破らなければなりません。

その射程の一番近くにあるのが沖縄であると私は広く日本全国に宣言したくこの本を著

しました。

その方法は、既に明らかです。日本罪悪史観の論拠の一つにされている沖縄が声を上げるのです。

どういう声をあげるのか、それは祖国日本礼賛です。日本の普通のどこを取り上げても賞賛に値する事実の沢山ある国です。たやすい事でしょう。

そして近代日本の道徳的正しさの証明とその保証です。沖縄側の発信する証言によってそれはなされます。

なぜこれが可能なのか、それが沖縄の特異的外部性です。沖縄は日本の中にあってある種の外部性を有する稀有な地域です。それによって現在の日本を支配する自虐史観の空気に対してその負の和を拒否できるのです。和の国日本本土では、それは永遠に無理かもしれません。

今こそ日本再建の時――混迷の後、征覇すべきフロンティア

この事情の背景的お話……私の拙ない日本文明論みたいなものになりますが……をして

みたいと思います。

それは、日本の縄文性と弥生性です。以前何かで読んだ記憶があるのですが、日本人の意識は縄文時代につちかわれた精神性と弥生時代に育まれたそれの複層になっているらしいのです。その配分が本土と沖縄では異なっているのです。それが幸いして今後日本は沖縄によって戦後の呪縛から解放される事になります。

日本の歴史は、高所から見れば、縄文の大らかさと弥生の精緻さとが織りなす目も鮮やかな絵巻物です。

そして、変容動乱混沌の弥生的行きづまりに至った時、縄文的要素がどこからともなく現れ、これを破り乗り越えてきました。

現代日本の深まる行きづまりを見る時、この機序がまた働き出すのは、歴史上の自明です。

私達真正沖縄保守にとって、現在の我が国の混迷は征覇すべきフロンティアに見えます。「陰極まって陽に転ず」。いよいよ日本再建の時です。日の本の陽は、これから上るのです。共に手をたずさえ立ち上がりましょう。

日本は一つです。

日本を守る沖縄の戦いの為、信念を貫いたカウンタースピーチ

知事に就任した翁長氏は、公約実施の圧力を受ける立場となりました。支持した勢力は、知事の迅速な行動を期待しますが、それは無理というものです。何故なら氏にはその手段が無いからです。

移設の実現に不可欠であった埋め立て承認はあくまでも法律にのっとったものであるので、これを無理に取り消すと今度は知事の側が法的な追及を受けることになります。

そこで現在は、その承認そのものに瑕疵があったとする戦術になっていますが、これを検証した第三者委員会とその検証報告がどうしようもなく、貧弱でずさんなものにならざるを得ない為、当否は見えています。

次に打てる手には、移設の是非を問う県民投票がありますが、実はこれは大きなリスクをともないます。万が一負けようものなら全ての根拠を失うことになります。圧倒的勝利以外には、行う価値がありません。選挙を制した知事選だって実質的な差は三万票余りなのです。これでは、県民総意を騙れません。

後、細々とした時間稼ぎ的な嫌がらせをしていますが、これは支持者向けのパフォーマンスです。そこで次に打った手が国連工作です。ＮＧＯ市民外交センターの提供する枠を使っての工作です。

私達もＮＧＯが提供して下さった枠を活用させて頂きました。もし私達の行ったカウンタースピーチが国益に資するものであるなら、このＮＧＯも又その存在を称えられるべきでしょう。改めて感謝申し上げます。

私の行ったカウンタースピーチは単刀直入なものでした。この時期の国連人権理事会は、難民問題で大混乱し、余裕のあるスピーチをできた者はいなかったと思います。ごくごく短時間で要点をまとめアピールしなければなりませんでした。ダイレクトな表現、例えばプロパガンダ等、そういう直截なものにならざるを得なかったのがもしかしたら良かったのかもしれません。

国連人権理事会が私や翁長氏その他のスピーカーに与えた時間は各々二分間でした。その直前まで割り当てられる時間さえもはっきりと分からない混乱にあったのです。

私は発音に気を付けながら一気にまくしたてるようにスピーチを行いました。その間も周りの私に向ける注意、視線を感じていました。それもそのはず、国連の人権理事会の場で人権弾圧大国中国を名指しで批判し、県知事翁長氏の訴える沖縄問題の裏には、中国の工作があると一般県民を代表して発言したのですから。

この会場で何度も翁長知事とすれ違ったのですが、氏は憮然とした表情をするばかりで私の顔を一度も見ようとしませんでした。

それとは反対に会場の反応はとてもいいものがありました。私が席を立ち、退場する時会場内の各国代表の方々が私に賛意を示すサインを見せてくれたのです。軽く手を挙げ振ってくれたり、ウインクしたり、微笑んでくれたり、大きく頷くしぐさで私のスピーチに応えてくれました。※シノフォビアのお蔭でしょうか。ともかく本当に嬉しい気持ちになりました。（※編集部注：【シノフォビア＝Sinophobia】別名・中国恐怖症「シノ＝中国」「フォビア＝嫌悪」で、直訳すると「中国嫌悪」。中国を恐れること、または嫌悪することを意味する語）

私にとって、日本を守る為の沖縄の戦いとして、信念を貫き、「絶対に成し遂げなければならない任務」である、国連人権理事会における沖縄県知事・翁長雄志氏へのカウンタースピーチを次ページ以降に紹介いたします。あわせて、この様子の報道記事であるＰ11の産経新聞記事拡大版もＰ237に再掲いたします。

「翁長雄志氏のスピーチ」「私のカンタースピーチ」そして予定されていた「沖縄県石垣市議・砥《と》板《いた》芳《よし》行《ゆき》氏のスピーチ予定稿」と続けてお読みになられることにより、本書の冒頭にも述べさせて頂きましたことも含め、全体像が明確になるのではと考えております。

国連人権理事会における沖縄県知事・翁長雄志氏スピーチ関連

【翁長雄志知事演説：英文】

タイトル

Oral Statement at the United Nations Human Rights Council by the governor of Okinawa

Thank you, Mr. Chair.

I am Takeshi Onaga, governor of Okinawa Prefecture, Japan.

I would like the world to pay attention to Henoko where Okinawans' right to self-determination is being neglected.

After World War 2, the U.S. Military took our land by force, and constructed military bases in Okinawa.

We have never provided our land willingly.

Okinawa covers only 0.6% of Japan.

However, 73.8% of U.S exclusive bases in Japan exist in Okinawa.

Over the past seventy years, U.S. bases have caused many incidents, accidents, and environmental problems in Okinawa.

Our right to self-determination and human rights have been neglected.

Can a country share values such as freedom, equality, human rights, and democracy with other nations when that country cannot guarantee those values for its own people?

Now, the Japanese government is about to go ahead with a new base construction at Henoko by reclaiming our beautiful ocean ignoring the people' s will expressed in all Okinawan elections last year.

I am determined to stop the new base construction using every possible and legitimate means.

Thank you very much for this chance to talk here today.

【翁長雄志知事演説：翻訳】

議長、ありがとうございます。日本の沖縄県の知事、翁長雄志です。

私は、沖縄の自己決定権がないがしろ（neglect）にされている辺野古の現状を、世界の方々にお伝えするために参りました。

沖縄県内の米軍基地は、第２次大戦後、米軍に強制的に接収され、建設されたものです。私たちが自ら進んで提供した土地は全くありません。

沖縄の面積は日本の国土のわずか０・６％ですが、在日米軍専用施設の73・８％が沖縄に集中しています。戦後70年間、沖縄の米軍基地は、事件、事故、環境問題の温床となってきました。私たちの自己決定権や人権が顧みられることはありませんでした。

自国民の自由、平等、人権、民主主義も保証できない国が、どうして世界の国々とこうした価値観を共有できると言えるのでしょうか。

日本政府は、昨年、沖縄で行われた全ての選挙で示された民意を無視して、今まさに辺野古の美しい海を埋め立て、新基地建設を進めようとしています。

私は、考えられうる限りのあらゆる合法的な手段を使って、辺野古新基地建設を阻止する決意です。

今日はこのようにお話しする場を与えて頂き、まことにありがとうございました。

【我那覇真子演説：英文】

英文タイトル

There Actually Is No Such Thing as a Ryukyu Minority That is Being Discriminated Against:

副題

Demagoguery and Propaganda Must Not Continue to Thrive in International Society in the 21st Century

Masako Ganaha

Yesterday, you heard that the people of Okinawa Prefecture, which is actually an integral part of Japan, are a discriminated minority, oppressed by the Japanese government and U.S. military.

Nothing could be further from the truth!

I was born and raised in Okinawa. As a part of Japan, we enjoy the highest standards of human rights, quality of education, welfare, health, and living. And China, a threat to the security of the region and to Japan, as well as human rights in general, is promoting an independence movement in Okinawa by having elected officials and their supporters say we are an indigenous minority. We are not.

Please do not believe the propaganda.

I brought with me a message from a member of the Ishigaki City Council, Mr. TOITA Yoshiyuki, who writes, "Our current governor is irresponsibly ignoring the role the U.S. bases play in the security of Japan and the Asia-Pacific Region. He is misrepresenting the situation. It is important that he and everyone at the UN recognize the serious challenges in the East China and South China Seas presented by China."

Thank you.

【我那覇真子演説：翻訳】

昨日皆様は、沖縄は紛れもない日本の一部であるにも関わらず、「沖縄県民は日本政府及び米軍から抑圧される被差別少数民族である」とお聞きになられたと思います。

それは全くの見当違いです。

私は、沖縄生まれの沖縄育ちですが、日本の一部として私達は世界最高水準の人権と質の高い教育、福祉、医療、生活を享受しています。人権問題全般もそうで すが、日本とその地域への安全保障に対する脅威である中国が、選挙で選ばれた公人やその支援者に「自分達は先住少数民族である」と述べさせ沖縄の独立運動 を煽動しているのです。

我々沖縄県民は先住少数民族ではありません。

どうかプロパガンダ（政治宣伝）を信じないでください。

石垣市議会議員の砥板芳行氏からのメッセージです。

「沖縄県の現知事は無責任にも日本とアジア太平洋地域の安全保障におけるアメリカ軍基地の役割を無視しています。翁長知事はこの状況を捻じ曲げて伝えています。中国が東シナ海と南シナ海でみせている深刻な挑戦行為を知事と国連の皆様が認識をすることが重要です」

ありがとうございます。

【砥板芳行石垣市議会議員　予定演説】

タイトル
Okinawa's Role as a Contributor to Peace and Stability in East Asia and the Western Pacific

Yoshiyuki Toita

I am a member of the City Council from Ishigaki Island, Okinawa Prefecture, Japan. My city's administrative area includes the Senkaku Islands in the East China Sea. Our fishermen, who have been fishing there since times long ago, are being threatened by China's advances into our waters.

The current governor of Okinawa Prefecture has recently spoken here that the rights of our people in the prefecture are being suppressed by the U.S. base relocation issue, but in fact this is a domestic issue being handled administratively, legally, and politically. He made his remarks without any reference to the Senkaku Islands issue in particular or the security of the East China and South China Seas region in general, which will have a great effect on the peace and stability of East Asia and the Western Pacific.

Many of the residents of Okinawa Prefecture possess their own unique history and culture, but are also very proud to be Japanese as well.

Thank you.

【砥板芳行石垣市議会議員予定演説：翻訳】

私は日本の沖縄県石垣島から来た市議会議員です。

私の市のエリアにある東シナ海の尖閣諸島では、中国の進出で昔から漁業をして来た漁業者が苦しめられています。現在の沖縄県知事がこの場所で沖縄の米軍基地の移設問題で、沖縄の先住民族の権利を侵害していると発言しましたが、この問題は日本国内の問題であり、尖閣諸島などの東シナ海や南シナ海で起きている事などの安全保障を前提としない発言は、東アジア、西太平洋の平和と安定を損なうものである。

多くの沖縄の住民は独自の歴史と文化を持っているが、日本人であるという誇りも持っています。

ありがとうございます。

ところで、前ページまでのような熾烈な戦いであるスピーチに臨んだ時、私が来ていたジャケットは借り物でした。冒頭にお話しした国連に何を着てゆこうかと悩んだ末に決めたスーツは、旅行鞄に丸ごと入れ忘れ、気づいたのはスピーチ前日の晩でした。

びっくりしましたが、これ位の事でパニックになる私ではありません。翌日市内で買い求めようとしたのですが、同行の方が時間が無いから私ので済ませなさいと言って下さったので、御親切に甘えることにし、着用させて頂きました。その方は、スピーチする私を見て自分のジャケットも頑張っていると喜んでおられたそうで、不注意によるものでしたが、それが又私には嬉しい思い出になりました。本当にありがとうございました。

私達のカウンタースピーチの効用それは、見方によって大きな評価になるかもしれません。まず理事会の場で反対の対立する意見が出された事によって、理事会は自動的にその当否の調査に入るのだそうです。これはつまり、国連が日本政府に勧告が出せなくなることを意味します。翁長一派の目論みである偽りの沖縄差別、米軍基地押し付けによる人権侵害は、国連に通用しないものとなりました。国連を利用しての偽りの日本断罪が国際社会の場で不発に終わったのです。

これが額面通りなら私達チームは日本国家を更なる汚名から救った事になり全員勲章ものです。

22日、スイス・ジュネーブの国連人権理事会で演説する名護市民の我那覇真子さん（前列中央）＝内藤泰朗撮影

辺野古問題

「沖縄で人権侵害ない」

国連理　移設賛成派　知事に反論

【ジュネーブ＝内藤泰朗】沖縄県の翁長雄志知事（64）は21日、スイス・ジュネーブの国連人権理事会で演説し、米軍普天間飛行場（同県宜野湾市）の名護市辺野古への移設で「人権侵害が行われている」と訴えた。

一方、22日には辺野古移設賛成派が「沖縄で人権侵害はない」「知事は尖閣諸島を狙う中国の脅威を無視している」と反論。人権理事会は、沖縄の基地問題で論争が交わされる異例の事態となった。

翁長氏は21日午後（日本時間同日深夜）、沖縄に米軍基地が集中する現状を紹介し、「人々は自己決定権や人権をないがしろにされている。あらゆる手段で新基地建設を止める覚悟だ」と主張した。

翁長氏が人権理事会で基地問題を持ち出したのは、この問題を国際世論に訴えかけ、移設をめぐり対立する日本政府を牽制する狙いがあるとみられる。

これに対し、駐ジュネーブの日本政府代表が21日、発言を求め、「日本の平和と安全を確保することが何より重要だ」と強調。長い時間をかけて辺野古移設を検討し沖縄県と合意した経緯を明らかにし、今後も県民に説明し、法に則して解決していくと語った。

22日には、別の非政府組織（NGO）が「日本政府は沖縄の先住民の自己決定権を尊重すべきだ」と述べ、翁長氏に同調する動きをみせた。

一方で移設賛成派にも発言の機会が設けられ、沖縄県名護市の我那覇真子さん（26）が22日、翁長氏の「人権侵害」発言は「真実ではない」「プロパガンダ（政治宣伝）を信じないでください」と呼びかけた。

沖縄生まれの我那覇さんは、沖縄が日本の他の地域と同様に人権が守られていると明言。「沖縄が先住民の土地だと主張することで沖縄を独立に導こうとする人たち、それを支持する中国こそが地域の平和と安定を脅かし、人権への脅威だ」と報告した。

さらに、尖閣諸島を抱える沖縄県石垣市の砥板芳行市議会議員（45）の言葉を引用する形で、「中国が東シナ海と南シナ海でみせている深刻な挑戦行為を国連の皆が認識することが重要だ」と締めくくった。

翁長氏は21日の演説に先立ち、移設反対派の市民団体が主催したシンポジウムでも講演し、基地が「米軍に強制接収されてできた」と繰り返したが、沖縄県民が基地敷地の賃貸料などから利益を得ていることには触れなかった。

（1面参照）

▲『産経新聞』2015年9月23日（水）3面掲載

本書を執筆中の現在、翁長知事は埋め立て承認の取り消しを表明しており、その手続きに入るとされています。

それにしてもこの執拗さには、鬼気迫るものを感じます。事の始まりは、市街地にあって危険というなら安全な辺野古基地の海側に移しましょうというものでした。これは、沖縄県の基地負担軽減を実現する政策の中の一つであり、米側との合意により、返還されるのは普天間基地だけでなく中南部にある他の米軍基地も順次返還される予定です。

これはかなり大規模なものであり、今までの米軍基地の在り方が根本から変えられるものです。

しかし、それは辺野古移設が前提となるもので、これが決着しないと全体が前に進まないのです。つまり、米軍基地の整理統合縮小を一番邪魔しているのが、翁長知事とその支援勢力なのです。反戦平和の反基地運動が偽りであると白状しているような移設絶対反対運動の矛盾を、指摘する人が少ないのはどういうわけでしょうか。それそこ倒錯でしょう。

世の中で問題とするべきものは何なのかそれを決めるのは、新聞マスコミです。国民大衆は、マスコミにすっかり条件化され、思考を飼いならされている状況です。

新聞が、社会に与えたバイアスを取り除き、改めて翁長氏一派の企みを考え整理してみると次のようになります。

つまり目指すものは在沖米海兵隊の排除あるいは、機能低下、これが第一です。オスプレイ配備反対もその一環でした。何の為にこれが必要だったのか、もう明白です。それは尖閣諸島の実力奪取です。米海兵隊の即応態勢さえ封じ込めればこれは可能です。

一旦尖閣を占領し短期間のうちに軍事拠点化すれば、あとは日米に対し全面戦争の脅しで動きを止めそのまま実行支配に移すというものでしょう。

中国のしつこい領海侵犯、事前の領有権主張大キャンペーン、更にこれに沖縄側から翁長氏一派の反日反米パフォーマンスを加えて、まやかしの正当性をほんの一瞬でもいいから成り立たせる。中国につけ入るスキを大きく提供しようというのが翁長一派の役目でした。

これがシナリオの大筋と見て間違いないでしょう。

安保法制の実現が急がれたのも無理はありません。

私は、知事選終了後、憤慨のあまり、仲間の皆さんと共に語りあって「琉球新報、沖縄タイムスを正す県民・国民の会」を立ち上げました。中国と翁長氏一派の野望を挫く為です。この企みの前哨組織が地元二紙であることは、間違いないので、これを正す事が沖縄、日本を守る一番有効な活動であると考えたからです。

当会は、次世代の党、元文部科学大臣の中山成彬先生をはじめとして、多くの方々のご理解と御支援を頂いて出発することができました。改めてこの場で感謝申し上げます。

現在私達は、講演会活動、新聞雑誌への意見広告掲載等の活動を行い啓蒙につとめています。又裁判提訴の準備も行っています。

第四の権力新聞マスコミを何とか正そうと活動していますが、正攻法では道が遠いのは承知しています。そこで新しい手法でこれを行おうとも考えています。

と言うのもこれははじめから非対称な戦いとなる為、言論手段を持つマスコミ側が優位となっているからです。これでは、劣位戦になってしまいます。今まで多くの保守運動がこれで伸び悩んできました。私達は、この轍を踏まないと決めました。期せずして今、世の中は世変わりの最中です。

従来の盛者は必衰が理といいますから左翼新聞は、傾きを増す方向へ行くでしょう。私はこの力学を活用してゆきます。この戦いは、歴史的なものになると思われますし、現に継続中です。

どうぞ今後の展開をご覧になって、そしてできればご支援をお願いできましたら幸いです。

では、次の機会に続報をご報告します。

▲「琉球新報、沖縄タイムスを正す県民・国民の会」第一回大会
名誉顧問、元文部科学大臣中山成彬先生がご登壇。
熱弁を振るわれ励まして下さる。

あとがき

アイバス出版の担当者の方から執筆のお話を頂いた時、「何でもやってみよう精神」の私は、あまり深く考えることもなくお引き受けしました。

そして実際に作業に取り掛かって、改めて今自分が取り組んでいる問題の本質について考える機会を得る事になりました。

ところで私の今の立場は何なのか——市民活動家、ボランティア活動家、フリーライター等いくつか考えられますが、いずれも世間的にイメージのしにくいものであります。

学校を卒業した私は、郷里へ帰り、しばらくボランティアの英語塾をやっていました。実践的な英語教育の研究の為です。将来はそういう方面へ事業を起こしてゆきたいと思っていました。

私が興味を持ったのは、言語学的な英語ではなく、初学者にとって学びやすい英語とはどういうものなのかというものです。

私は自らの体験の上からも、現在の英語教育の根幹部分に大きな矛盾を感じていました。面白くないのです。本来学びには喜びが伴うものであると思うのです。もちろん、時には忍耐も必要になりますが、基本は喜びです。人はものを考えることができるように作られています。

備わっているものを機能させて退屈と苦痛しか味わえないのは、どう考えても人間の基本に反しています。

私が本格的に勉強に取り組み始めたのは、中学校に入ってからです。小学校とは全く異なる中学のカリキュラムは私に知的な刺激を与えましたが、教科書と授業が本当につまらないのです。

我が家には困った時の父頼みという格言がありまして、私は父に相談しました。何とか勉強を面白くできないものかと。

それから私の楽しいお勉強が始まりました。父がほとんどの教科を見てくれたからです。父は真顔で「ちゃんとよく教科書を読んで分からない時は、教科書の記述が悪いせいかもしれないから理解が成り立つように読みなさい。教科書は内容は正しくても教え方が正しいとは限らないから」と言うのでした。これはつまり物事には前提がありその前提のありかたを見過ごしてはならない、常に洞察を働かせておけば、そこに発見、気づきがあるという父の教えです。

この見方、考え方は当時の私にはとても新鮮で、これをもっともっと味わいたくて父と勉強したものです。

好きこそものの上手なれという言葉がありますが、本当にその通りで、お蔭で私は中学の成績をほぼ一番で通しました。

そういう物の見方が習慣化した私は、社会のあらゆる面に矛盾、不合理、理不尽を見る事になりました。特にマスコミ報道の在り方や政治の在り方は、その最たるもので、社会に危機的状況をもたらしています。そういう中、ある事がきっかけとなって私の保守活動参加となりました。

この本を書くことになったのもその延長にあるものと思います。

この本はいくら書いても未完です。なぜなら著した文中の現実は、生き物のように自律的に前へ前へ進んでいっています。続編として二冊目を出したいという訳ではありませんが、何らかの報告は必要となるかも知れません。

今回、担当して下さった鈴木徹さん、山田朋子さんには、いろんなアイディアの刺激を頂戴しました。

この場をお借りして感謝を申し上げます。誠にありがとうございます。

推薦の言葉

我那覇真子《がなはまさこ》さんは物静かで礼儀正しく、凛とした大和撫子《やまとなでしこ》を思わせる乙女だが、信念と勇気を持つ女性でもある。

――百田尚樹

【著者プロフィール】

我那覇真子（がなは　まさこ）

「琉球新報、沖縄タイムスを正す県民・国民の会」代表運営委員
日本文化チャンネル桜　沖縄支局　キャスター
毎週火曜日インターネットテレビ『沖縄の声』に出演

―略歴―
1989年　（平成元年）沖縄県名護市生まれ。
2005年　高校交換留学で米国オハイオ州・カリフォルニア州へ
2008年　早稲田大学人間科学部　入学
　在学中、高円宮杯全日本中学校弁論大会を主催する
　JNSA（日本学生協会基金）の運営委員を務める
2012年　早稲田大学人間科学部　卒業

装丁　ISSIKI
DTP　株式会社システムタンク（白石知美）
帯写真撮影：榊智朗

日本を守る沖縄の戦い
―日本のジャンヌダルクかく語りき―
〈検印廃止〉

2016年2月2日　初版第1刷発行

著　者　我那覇 真子
発行者　大石　雄一
発行所　アイバス出版株式会社
〒170-0013
東京都豊島区東池袋1-48-10　25山京ビル925
TEL 03-5927-1671（編集）　FAX　050-3153-1353
TEL 050-3802-6836（販売）
URL http://www.i-bas.jp/
E-mail info@i-bas.jp

発　売　サンクチュアリ出版
〒151-0051　東京都渋谷区千駄ヶ谷2-38-1
TEL　03-5775-5192　FAX　03-5775-5193

印刷所――中央精版印刷株式会社

ISBN978-4-86113-616-0